絶対に訴えてやる!

訴えるための知識とノウハウ

矢野輝雄 著

緑風出版

はじめに

絶対に訴えてやる！　～訴えるための知識とノウハウ～

　「絶対に訴えてやる！」と息巻いたものの、弁護士に依頼しても断られる場合も多く発生しています。弁護士は弁護士業務を独占しているにもかかわらず、医師の診療義務のような応諾義務がないからです。弁護士に依頼できない場合は、本人ひとりで手続を進めるしかありませんが、裁判所の手続は、簡単なものなのです。

　本来、弁護士の仕事は、音楽家や画家のような特別の才能を必要とする創造的な仕事ではありませんから、誰でも、大体のルールさえ分かれば簡単にできるのです。細かいルールは、その都度、裁判所の書記官に電話で聞けばタダで教えてくれます。

　裁判では正義が勝つとは限りません。裁判所の結論には間違いが多いのですが、そのことは、裁判所は使って見なければ、勝つか負けるか、どういう結論が出るのか予測できないということです。どんなに完璧な証拠であっても、裁判官が「信じられない！」と言えば、それまでなのです。裁判所を信用したり、過大な期待を持つことは禁物なのです。人気のテレビ番組で弁護士4人に「原告の請求が認められるか」の回答を求めるものがありますが、認められる２人、認められない２人に分かれることがしばしばあります。このことは、裁判官によって判決内容が全く異なることを意味します。裁判は、やってみなければ、どんな結論が出るか分からないものなのです。裁判は、一種のゲームないしバクチと言ってもいいと思います。

　一般に「訴えてやる！」という場合は、民事訴訟（みんじそしょう）の訴え提起を意味しますが、本書では民事訴訟と異なるルールの家庭裁判所の家事事件（かじじけん）、訴える前の仮の保全の手続、さらには刑事事件にする告訴・告発の手続についても説明しました。

　本書では、「絶対に訴えてやる！」という場合に必要な理論と書式と手続の最低限の知識に限定してQ＆Aの形式で説明しており、書式や書き方はマニュ

アルとしてそのまま利用できるようにしています。なにもむずかしいことはありませんから、本書によって、自信をもって進めることができます。

2004年5月

著　者

第1章
民事訴訟の手続は、どのようにするのですか
9

- **Q 1** 民事訴訟の仕組みは、どのようになっているのですか………11
- **Q 2** 訴えの提起は、どのようにするのですか……………………14
- **Q 3** 訴状を提出した後は、どのように処理されますか…………21
- **Q 4** 答弁書とは、なんですか………………………………………24
- **Q 5** 答弁書に対して原告はどのように対応するのですか………29
- **Q 6** 口頭弁論期日は、どのように進められますか………………31
- **Q 7** 準備書面は、どのように書くのですか………………………39
- **Q 8** 証拠調べとは、どういうことですか…………………………43
- **Q 9** 証拠調べの申し出は、どのようにするのですか……………48
- **Q10** 書証の証拠の申し出と取り調べ手続は、どのようにするのですか…………………………………………………………50
- **Q11** 証人尋問の申し出と取り調べ手続は、どのようにするのですか…………………………………………………………58
- **Q12** 当事者本人尋問の申し出と取り調べ手続は、どのようにするのですか…………………………………………………63
- **Q13** 鑑定の申し出と取り調べ手続は、どのようにするのですか..64
- **Q14** 検証の申し出と取り調べ手続は、どのようにするのですか..66
- **Q15** 調査嘱託の申し出と取り調べ手続は、どのようにするのですか…………………………………………………………67
- **Q16** 証拠保全の申し出と取り調べ手続は、どのようにするのですか…………………………………………………………69
- **Q17** 当事者照会の手続は、どのようにするのですか……………71
- **Q18** 判決の言渡しは、どのようになされますか…………………73
- **Q19** 上訴とは、どういうことですか………………………………75

Q20 控訴審の手続は、どのようにするのですか..................77
Q21 上告審の手続は、どのようにするのですか..................80
Q22 抗告の手続は、どのようにするのですか..................84

第2章
家庭裁判所の家事事件の手続は、どのようにするのですか
87

Q23 家事調停・家事審判の手続は、どんな場合に利用できるのですか..................89
Q24 家事調停・家事審判の仕組みは、どのようになっているのですか..................94
Q25 家事調停・家事審判の申立は、どのようにするのですか......98
Q26 家事調停・家事審判の手続の流れは、どのようになりますか..................101
Q27 家事調停・家事審判の手続は、どんな場合に終わるのですか..................106

第3章
訴える前の仮の保全の手続は、どのようにするのですか
109

Q28 民事保全の手続は、どんな場合に利用できるのですか........111
Q29 民事保全の手続の仕組みは、どのようになっているのですか115
Q30 民事保全の申立は、どのようにするのですか..................120
Q31 民事保全の手続の流れは、どのようになりますか..................125
Q32 民事保全の手続は、どんな場合に終わるのですか..................128

第4章
刑事事件にする告訴・告発は、どのようにするのですか

Q33 告訴・告発とは、どういうことですか 133
Q34 「犯罪」とは、どういうものですか 137
Q35 告訴状・告発状は、どのように書くのですか 140
Q36 告訴状・告発状は、どのように処理されるのですか 146
Q37 検察官が不起訴処分にした場合は、どうするのですか 150
Q38 付審判請求とは、どういうことですか 155

資　料

資料1 全国の裁判所一覧 161
資料2 全国の検察庁一覧 183

第1章●
民事訴訟の手続は、
どのようにするのですか

Q1 民事訴訟の仕組みは、どのようになっているのですか

1　民事訴訟とは、私たちが社会生活を営む中から生ずる紛争を裁判所が法律を適用して解決する手続をいいます。私たちの社会では、毎日、ありとあらゆる紛争の発生が絶えることはありません。交通事故の損害賠償請求、貸金返還請求、土地や建物の明渡請求、国家賠償請求、名誉毀損や医療過誤の損害賠償請求、解雇無効確認請求、離婚請求、相続財産確認請求など、紛争の類型は無数にありますが、訴訟の仕組みは共通です。公文書の非開示処分の取消訴訟のような行政訴訟も、わずかの特例を除き民事訴訟の手続で行われます。

　民事訴訟の対象となる紛争の種類は無数にありますが、民事訴訟の仕組みは簡単で、

> ① まず、「事実」があって
> ② その事実に法律を適用して
> ③ 判決を下す

というだけのものです。裁判官は、具体的な「事実の認定」をして、その事実に判断基準である法律を適用して判決という具体的な結論を出すのです。

　「事実の認定」とは、文字通り、事実はどうであったのかを裁判官が証拠によって認定することをいいます。たとえば、貸金返還請求訴訟で「AはBに返還した」という事実を認定することです。事実の認定は裁判官が証拠にもとづいて自由な判断で行いますから、どんな確実な証拠であっても、裁判官が「信じられない！」といえばそれまでで、裁判の勝敗の予測は困難なものなのです。第一審判決と第二審判決の結論が正反対になる場合も多いのは、裁判官の事実認定の結論が異なるからです。

　弁護士に訴訟代理人を依頼した場合でも、弁護士は法律は知っていても「事実」は依頼者しか知りませんから、依頼者が事実の主張や証拠の提出を怠ると泣くことになります。

2　民事訴訟の仕組みを手続の流れからみると、次のように、①申立→②主張

→③立証→④裁判所の事実認定にもとづく判決の順序になります。

①申立

訴えを提起するには、原告（訴えを提起した者）が裁判所に「訴状」という書面を提出しますが、この手続を申立といいます。申立には、(1)原告が被告（訴えられた者）に対して行う権利主張である請求と(2)原告が裁判所に対して行う訴えの双方を含みます。

②主張

被告は訴状に対する応答を書いた答弁書を提出し、その後、原告と被告の当事者双方が自分の主張を書いた「準備書面」を提出して、原告・被告・裁判所の三者間で審理が進められます。

③立証

原告と被告の双方の主張が整理された後に証拠により自分の主張が正当であることを立証します。立証する責任は原則として原告にあります。この段階を証拠調べ手続といいますが、民事訴訟の手続の中でもっとも重要です。

④裁判所の事実認定にもとづく判決

最後に、裁判所は事実認定を行い、認定した事実に法律を適用して判決をします。

3　通常の民事訴訟の手続の流れは、次のようになります。民事訴訟の手続は、民事訴訟法と民事訴訟規則に定められています。

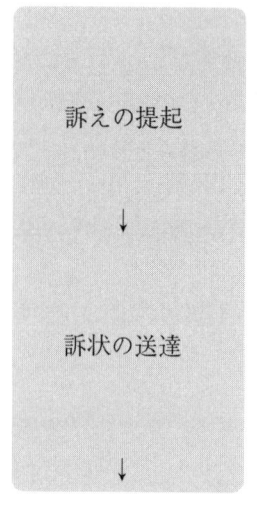

訴えの提起

①　裁判所に訴状の正本と副本（正本と同じもの）を提出します。
②　裁判の手数料として収入印紙を同時に提出します。
③　裁判所に指定された種類の郵便切手も同時に提出します。

訴状の送達

①　裁判所は訴状の副本を被告に送ります。
②　訴状の副本には第1回口頭弁論期日の呼出状と答弁書の催告書（提出期限などを書いた書面）が添付されます。期日とは裁判所の審理の行われる日時をいいます。

答弁書の提出	① 被告は訴状の内容についての応答を書いた答弁書を指定の期限までに裁判所に提出するとともに原告に直送します。 ② 直送できない場合は、裁判所の書記官に送付してもらいます。
↓	
第1回口頭弁論期日	① 原告は訴状を陳述し、被告は答弁書を陳述します。 ② 次回の口頭弁論期日が指定されます。
↓	
口頭弁論の続行	① 判決ができるようになるまで口頭弁論が続行されます。 ② 口頭弁論期日前に原告も被告も準備書面を裁判所に提出するとともに相手方にも直送します(直送不能の場合は書記官へ)。
↓	
証拠調べ	① 口頭弁論手続により争点が明確になると証拠調べ手続に入ります。 ② 証拠調べのためには証拠の申し出が必要です。
↓	
弁論の終結	① 判決ができる状態になったときは口頭弁論を終結します。 ② 裁判長が判決の言渡し期日を指定します。
↓	
判決言渡し	① 判決は言渡しによって成立し、判決の効力が生じます。 ② 判決の言渡し期日には出頭する必要はありません。
↓	
上訴	① 第一審判決に不服のある当事者は控訴を提起することができます。 ② 第二審(控訴審)判決に不服のある当事者は上告することができますが、上告できる場合は第二審判決に憲法違反がある場合などに制限されています。

Q2 訴えの提起は、どのようにするのですか

1　訴えの提起は、原告となる者が「訴状」という書面を作成して裁判所に提出する必要があります。訴状の書き方は決まっていませんが、実務上は平成13年1月からＡ4判の用紙に横書き・片面印刷で作成しています。最高裁判所が示しているワープロやパソコンを使用する際の標準的な書式は、次の通りです。

1行	37文字
1頁の行数	26行
文字サイズ	12ポイント
上部余白	35mm
下部余白	27mm
左側余白	30mm
右側余白	15mm

　手書きによって作成する場合も各頁の上下左右におおむね上のような余白をとります。訴状は片面印刷とし、左側を2か所ホチキスで綴じます。各頁には－1－、－2－のような頁数を打っておきます。2枚以上になる場合は、各綴り目に原告の印鑑で契印（割印）をしておきます。

2　訴状の書式は決まっていませんが、最高裁判所の示した書式例によると次のようになります。次の訴状の例はもっとも簡単な「行政文書非公開処分の取消訴訟」の例を示します。この取消訴訟は行政訴訟といわれますが、訴訟の手続は通常の民事訴訟の手続と同じです。

訴　　状

平成○年○月○日

○○地方裁判所　御中

原告○○○○　（印）

〒000-0000　○県○市○町○丁目○番○号（送達場所）

14　第1章──民事訴訟の手続は、どのようにするのですか

原告　〇〇〇〇
電話　000-000-0000）
〒000-0000　〇県〇市〇町〇丁目〇番〇号　〇〇県庁
被告　〇〇県知事　〇〇〇〇

行政文書非公開決定処分取消請求事件
　　　訴訟物の価額　　160万円（算定不能）
　　　貼用印紙額　　　1万3千円

第1　請求の趣旨
　1　被告が、原告に対して、平成〇年〇月〇日付け〇〇発第〇〇〇号「行政文書一部公開決定通知書」でなした行政文書非公開決定処分を取り消す。
　2　訴訟費用は被告の負担とする。

第2　請求の原因
　1　原告は、〇県〇市に住所を有する者である。被告は、〇県知事として〇県情報公開条例（平成〇年〇月〇日条例第〇号）（以下「本件公開条例」という）の実施機関とされている者である。
　2　原告は、被告に対し、本件公開条例に基づき平成〇年〇月〇日付けの行政文書公開請求書を提出し、次の行政文書の公開を請求して閲覧及び写しの交付を求めた。
　⑴　平成〇年度以降に〇〇株式会社から提出された採石法に基づく採取計画の認可に係る申請書類及び申請書類に添付された地図、図面、同意書その他の一切の資料
　⑵　平成〇年度以降に〇〇株式会社から提出された森林法に基づく各種林地開発許可に係る許可申請書類及び申請書類に添付された地図、図面、同意書その他の一切の資料
　3　これに対して、被告は、平成〇年〇月〇日付け〇〇発第〇〇〇号「行政文書一部公開決定通知書」に記載の通り、当該各行政文書の全部又は一部について非公開決定の処分（以下「本件非公開処分」という）をなした。

4　しかし、本件非公開処分は、当該各行政文書が、何ら本件公開条例に規定する非公開事由に該当しないにもかかわらず、該当するとしてなされた違法な行政処分である。
　5　よって、原告は、本件非公開処分の取消を求める。

証拠方法

1　甲第1号証　平成○年○月○日付け行政文書公開請求書控え
2　甲第2号証　平成○年○月○日付け○○発第○○○号公文書一部公開決定通知書
3　甲第3号証　○県情報公開条例（平成○年○月○日条例第○号）

附属書類

1　訴状副本　　　1通
2　甲号証写し　　各2通

以上

　訴状の類型は無数にありますから、実際に訴状を作成する場合は、都道府県立図書館、大都市の公立図書館、法学部のある大学図書館で訴状の文例集とか書式集を参考にして作成します。あまり小さな書式集では役立ちません。
　訴訟の記載事項は決まっていますので、上例の訴状の各記載事項を参考にして各種の訴状について説明をします。
(1)　書面の表題は「訴状」とします。提出年月日と提出先の裁判所名を記載しますが、提出先の裁判所は法律で決められていますので、後述3を読んでも分からない場合は裁判所の訴状受付係に電話で確認します。原告の氏名の後の押印は認め印でかまいません。
(2)　当事者（原告と被告）の表示は、各当事者が特定できるように住所と氏名を記載します。住所には郵便番号も付します。原告の住所を送達（裁判所が書留郵便のような法定の方式で書類を交付すること）の場所とする場合は上例のように記載します。住所以外の場所とする場合は郵便物が届くように場所を記載します。原告の連絡先の電話番号を記載しますが、被告の電話番号は不要です。
　当事者の表示には、次の例があります。

（例１）当事者が会社の場合
　　　　〒000-0000　○県○市○町○丁目○番○号（送達場所）
　　　　　　　　原告　　○○株式会社
　　　　　　　　　　　上記代表者代表取締役　　○○○○
　　　　　　　　　　　　電話　000-000-0000
（例２）被告が行政庁（知事や市町村長のような処分権限を有する行政機関）の場合
　　　　〒000-0000　○県○市○町○丁目○番○号　　○○県庁
　　　　　　　　被告　　○○県知事　　○○○○
（例３）被告が自治体や国の場合（国家賠償請求訴訟など）
　①　〒000-0000　○県○市○町○丁目○番○号　　○○県庁
　　　　　　　　被告　　○○県
　　　　　　　　　　　上記代表者知事　　○○○○
　②　〒000-0000　○県○市○町○丁目○番○号　　○○市役所
　　　　　　　　被告　　○○市
　　　　　　　　　　　上記代表者市長　　○○○○
　③　　　　　　　被告　　国　　（住所は不要）
　　　　　　　　　　　上記代表者法務大臣　　○○○○

　国家賠償法による損害賠償請求訴訟は公務員の公務上の不法行為（違法行為）により損害を受けた場合に国や自治体を被告にします。違法行為をした公務員を被告にできません。

(3)　事件名をどのように表示するかは決まっていませんが、次の例のように簡潔に表示します。

（例）損害賠償請求事件、貸金返還請求事件、土地明渡等請求事件、建物明渡等請求事件、建物賃借権確認請求事件、家屋収去土地明渡請求事件、所有権確認登記請求事件、離婚請求事件、認知請求事件、相続財産確認請求事件

(4)　訴訟物の価額（訴額）は、原告が訴えで主張する経済的利益の額を記載します。たとえば、貸金返還請求訴訟では返還請求額となります。ただ、上例のような取消訴訟では経済的利益の額が算定できませんから、訴額は160

万円とみなされています。財産権上の請求でない場合は訴額は160万円とみなされるのです。

(5) 貼用印紙額は、訴訟物の価額（訴額）に応じて決められますから、上例の160万円の場合は1万3000円になります。この収入印紙には消印（割印）をしてはなりません。収入印紙は貼らずに訴状受付係に渡すのが無難です。貼用印紙額の例は次の通りですが、近くの地方裁判所の訴状受付係に電話で聞くのが便利です。訴額が140万円を超えない請求は、原則として簡易裁判所の管轄となります。ただ、簡易裁判所の管轄となっている事件でも、裁判所の職権で地方裁判所へ移送する場合があります。

訴額が10万円では1000円（最低額）	訴額が50万円では5000円
訴額が100万円では1万円	訴額が500万円では3万円
訴額が1000万円では5万円	訴額が2000万円では8万円
訴額が3000万円では11万円	訴額が4000万円では14万円
訴額が5000万円では17万円	訴額が6000万円では20万円

近年、著者の周辺では、印紙1000円（訴額10万円）で公務員の違法行為を原因として自治体を被告とする国家賠償請求訴訟をする人が増えています。

(6) 訴状には記載しませんが、訴状提出時に裁判所の指定する種類の郵便切手（約7000円程度）を訴状受付係に渡しておく必要があります。切手は相手方への訴状の送達その他に使われますが、被告の数や裁判所によって種類や数が異なりますから、事前に電話で訴状受付係に確認しておきます。切手に代えて現金で納付する裁判所もあります。

(7) 請求の趣旨は、原告が、その訴えでどのような内容の判決を求めるのかを記載します。一般に原告が勝訴した場合の判決の主文に対応する文言が用いられます。

　① 損害賠償請求事件の例では、次のように記載します。

1　被告は、原告に対し、2,345万6,789円及びこれに対する平成〇年〇月〇日から支払済みまで年5分の割合による金員を支払え。
2　訴訟費用は、被告の負担とする。
3　仮執行宣言

仮執行宣言とは、判決が確定する前に強制執行をすることができる効力を与える裁判をいいます。判決の確定によって執行することができる効力が生ずるのが原則ですが、相手方の上訴によって確定が引き延ばされることによる勝訴者の不利益を考慮して付けられる場合があります。

訴訟費用とは、手数料の収入印紙代、郵便切手代、証人の日当や旅費などをいい、敗訴者が負担しますが、弁護士費用は含まれません。弁護士費用は訴訟の勝敗にかかわらず、各自の負担とされますが、例外的に不法行為による損害賠償請求などで一定の範囲内で勝訴者の弁護士費用の一部を相手方に負担させる場合があります。訴訟費用を相手方から取り立てるには別の手続が必要ですから、少額の場合は取り立てない場合が多いのです。

② 建物明渡請求事件の例では、次のように記載します。

---

1 被告は、原告に対し、別紙物件目録記載の建物を明け渡せ。
2 被告は、原告に対し、450万円及びこれに対する平成〇年〇月〇日から明渡済みまで1か月25万円の割合による金員を支払え。
3 訴訟費用は、被告の負担とする。
4 仮執行宣言

---

(8) 請求の原因は、原告の請求を特定するのに必要な事実を記載します。これによって審判の対象が明確になります。

(9) 証拠方法とは、裁判官が事実を認定する資料として取り調べることができる物的証拠（物証）や人的証拠（人証）をいいます。物証には、文書（書証）、場所その他の物があります。人証には、証人、当事者本人、鑑定人があります。

原告の提出する書証（文書）を甲号証といい、甲第1号証、甲第2号証のように一連番号を付します。被告の提出する書証を乙号証といい、乙第1号証、乙第2号証のように一連番号を付します。番号を記載する位置は、横書きの文書は右上隅とし、縦書きの文書は左上隅とします。文字は目立つように赤鉛筆で記載します。

(10) 附属書類の表示は、文例のように訴状に添付する書類を記載します。

(11) 訴状の提出通数は、裁判所用（正本）1通と被告用（副本）各1通ですが、

原告の控えに訴状受付係の受付印をもらっておきます。被告が1名の場合は同じものを3通持参します。訴状と書証のほかには、事前に訴状受付係に電話で確認した収入印紙と郵便切手を持参しますが、訂正に備えて訴状に押印した印鑑も持参します。郵送でも提出できますが、郵送の場合は収入印紙や郵便切手について電話で訴状受付係に十分確認しておく必要があります。持参した場合は受付終了時に事件番号（地方裁判所の通常の訴訟なら「平成〇〇年（ワ）第〇〇号」のように付けられる）を聞いてメモして帰ります。

3　訴状を提出する裁判所は法律に定められており、上例の非公開処分の取消訴訟の場合は被告の行政庁（文例では知事）の所在地を管轄する地方裁判所となっていますが、通常の民事訴訟では被告の住所地を管轄する裁判所とか財産権上の訴え（貸金返還請求訴訟、損害賠償請求訴訟など）では義務履行地（持参して支払う場合は貸主などの債権者の履行時の住所地）を管轄する裁判所のように決まっています（民事訴訟法5条）。分からない場合は、近くの地方裁判所の訴状受付係で事前に電話で確認しておきます。裁判所の電話番号はＮＴＴの職業別電話帳で探しますが、代表電話になっていますから、交換手に地方裁判所の訴状受付係と指定します。

　裁判所の種類には、①地方裁判所、②簡易裁判所、③家庭裁判所、④高等裁判所、⑤最高裁判所の5種類がありますが、訴状を提出する第一審の裁判所は、原則として①②③のいずれかになります。家庭裁判所は離婚や離縁のような家庭内の事件を扱います。簡易裁判所は訴訟物の価額（訴えている経済的利益の額）が140万円以下の事件を扱い、それを超える事件は地方裁判所が扱います。ただ、不動産に関する訴訟は訴額が140万円以下でも地方裁判所で扱います。このような事件の金額や内容で裁判所の管轄が決まることを事物管轄といいます。

　訴状を提出する第一審の裁判所の地域分担は、原則として被告の住所地を管轄する裁判所とされています。ただ、例外も多く、たとえば、交通事故の損害賠償請求は事故現場を管轄する裁判所でもよく、不動産に関する訴訟は不動産所在地の裁判所でもよいとされており、貸金返還請求は貸主の住所地の裁判所でもよいとされています。このような裁判所の地域分担を土地管轄といいます。その他にも合意管轄といって原告と被告の合意（事前の契約書による場合が多い）で特定の裁判所の管轄とすることもできます。訴状の提出先裁判所が分からない場合は地元の地方裁判所の訴状受付係に尋ねます。

Q3 訴状を提出した後は、どのように処理されますか

1　裁判所の訴状受付係（民事受付）で受け付けられた訴状が担当部（民事部）に回付されると、裁判長は訴状を審査して、訴状に必ず記載しなければならない事項（①当事者、②請求の趣旨、③請求の原因の3つの必要的記載事項）の記載や裁判手数料（収入印紙）の納付に不備がある場合には、相当の期間を定め、その期間内に不備を補正すべきことを原告に命じます。原告が不備を補正しない場合には、裁判長は命令（裁判の種類の一つ）で訴状を却下することになります。

2　裁判長は、訴状を受理すべきものと認めた場合には、書記官に命じて原告から提出された訴状の副本（被告用）を被告に送達させます。送達とは、裁判所が当事者その他の訴訟関係人に訴訟書類の内容を知らせるために法定の方式によって書類を交付することをいいます。訴状の副本（被告用）の送達は、一般に特別送達という書留郵便によって行われます。裁判所に出頭した者には直接書記官から交付することもできます。送達を要する書類は、訴状の副本、期日の呼出状、訴えの変更申立書、判決書などに限られており、それ以外の書類は「送付」で足りるとされていますから、普通郵便やＦＡＸによって送付することができます。

　被告への訴状の副本の送達によって事件は裁判所で審理される状態になりますが、この状態のことを「訴訟係属」といいます。裁判長は、訴えの提起があったときは、速やかに第1回口頭弁論期日を指定して、その期日に裁判所に出頭するように当事者（原告と被告の双方）を呼び出さなければなりません。期日とは、裁判所で審理をする日時をいいますが、裁判長は、最初の口頭弁論期日は、特別の事由がある場合を除き、訴えが提起された日から30日以内の日に指定する必要があります（民事訴訟規則60条2項）。

3　裁判所から被告に訴状の副本を送達する場合には、①第1回口頭弁論期日の呼出状、②答弁書の催告書もいっしょに送達されます。原告には第1回口頭弁論期日の呼出状だけが送達されます。答弁書とは、訴状に書かれた原告の申

立に対して被告がする最初の応答を書いた準備書面(自分の言い分を書いた書面)をいいます。答弁書の催告書には答弁書の提出期限や作成上の注意事項が記載された文書が添付されています。

　呼出状や答弁書催告書の書式は決まっていませんが、一般に次の例(被告に送達される地方裁判所の通常の損害賠償請求事件の例)のように記載されています。

事件番号　平成16年(ワ)第456号　損害賠償請求事件
原告　　　〇〇〇〇
被告　　　〇〇〇〇

　　　　　　　　　　　　　　　　　　　　　　平成16年10月11日

口頭弁論期日呼出、答弁書催告状

被告　〇〇〇〇　殿

　　　　　　　　　　　　　　　　　　　〇〇地方裁判所民事部
　　　　　　　　　　　　　　　　　　　裁判所書記官　〇〇〇〇　(印)
　　　　　　　　　　　　　　　　　　　電話000-000-0000
　　　　　　　　　　　　　　　　　　　FAX 000-000-0000

原告〇〇〇〇から訴状が提出されました。期日は平成16年11月18日午後2時と定められましたから、同期日に当裁判所第〇号法廷(〇階)に出廷してください。なお、訴状を送達しますから、平成16年11月5日までに答弁書を提出してください

(出頭の際には、この呼出状を法廷で示してください)。

裁判所の所在地　〇県〇市〇町〇丁目〇番〇号

3　訴状を裁判所に提出した後に訴状の記載に誤りがあることが分かったときは、訴状受付係(書記官)に連絡して訂正印だけで訂正できるかどうかを確認し訂正印で訂正できる場合は印鑑を持参して訂正をします。しかし、被告に送達された後などで訂正印だけで訂正することができない場合には、次の例のような「訴状訂正申立書」を提出します。

平成16年(ワ)第456号　損害賠償請求事件
原告　　　〇〇〇〇

被告　　○○○○

訴状訂正申立書

平成16年11月15日

○○地方裁判所　御中

原告　　○○○○　（印）

頭書事件について、原告は、下記の通り、訴状を訂正する。

記

1　請求の趣旨第2項中の「930万円」とあるのを「920万円」と訂正する。
2　請求の原因第3項中の「平成15年4月7日付け」とあるのを「平成15年4月8日付け」と訂正する。
いずれも誤記によるものである。

以上

(1)　裁判所への提出通数は訴状の場合と同じです。
(2)　請求額を増額する場合は不足分の収入印紙が必要ですが、減額の場合は不要です。
(3)　郵送によって提出することもできます。その場合は裁判所用1通と被告数の通数を提出します。

Q4 答弁書とは、なんですか

1　答弁書とは、訴状に記載された原告の申立に対して、被告がする最初の応答を記載した準備書面（自分の言い分を書いた書面）をいいます。準備書面とは、口頭弁論期日（当事者が法廷で口頭で陳述するための日時）に陳述しようとする事項を記載した書面をいいますが、被告の最初の準備書面を答弁書といいます。

裁判長は訴状を受理すべきものと認めたときは、書記官に命じて訴状の副本を被告に送達させますが、実務上は、訴状の副本のほかに第1回口頭弁論期日の呼出状と答弁書の催告書も同封して同時に送達されます。答弁書の催告書の書式は決まっていませんが、次の文例のような事項が記載されています。

(1)　同封の訴状に対する答弁書を○月○日までに裁判所に提出してください。

(2)　答弁書には、訴状に記載されている「請求の趣旨」と「請求の原因」についてこれを認めるか認めないか、認めないとしたらその理由を具体的に記載し、ほかにあなたの主張があれば記載してください。

(3)　答弁書には、事件番号と原告・被告の表示のほか、あなたの住所・郵便番号・電話番号を記載して記名押印してください。ファクシミリがある方は、ファクシミリ番号も記載してください。

(4)　今後、裁判所からあなたに書類を送るにあたって、①住所地に送ってほしい場合には住所の次に（送達場所）と記載してください。②住所地以外の場所に送ってほしい場合には住所地の記載のほか（送達場所）としてその場所を記載してください。

(5)　答弁書に記載したあなたの主張を証明するための重要な証拠があれば、答弁書と同時にその写しを提出してください。

(6)　答弁書（(5)の証拠があればその写しも）は、裁判所に提出するほか、原告（代理人がついていれば代理人）にも送る必要があります。送り方には、あなたが原告に送る方法もありますが、あなたが希望すれば裁判所から原告に送る方法もあります。裁判所からの送付を希望する場合には答弁書2通（5の証拠の写しも2通）を裁判所に提出してください。この場合に

は送付するための費用として後記(7)の郵便切手も提出してください。
(7) 答弁書等の送付を希望する場合は郵便切手○○○円を提出してください。
(8) 答弁書を提出せず、また、期日にも出頭しないと、訴状に書いてあることを認めたものとして取り扱われ、欠席のままで裁判されます。
（連絡先）○県○市○町○丁目○番○号
　　　　　○○地方裁判所民事部　　裁判所書記官　　○○○○
　　　　　電話000-000-0000　　FAX000-000-0000

(1) 答弁書その他の準備書面は、これに記載した事項について相手方が準備をするのに必要な期間をおいて裁判所に提出しなければならないとされています（民事訴訟規則79条1項）。

　裁判長は、答弁書その他の準備書面を提出すべき期限を定めることができますが（民事訴訟法162条）、実務上は、少なくとも次回の期日の1週間前までの期限が指定されています。

(2) 答弁書その他の準備書面は、裁判所に提出するとともに相手方にも直送する必要がありますが、直送できない場合は書記官に申し出て書記官から送付してもらうこともできます（民事訴訟規則47条4項）。直送された準備書面を受領した者は、相手方と裁判所に「受領書」を送付します（民事訴訟規則83条2項）。受領書の書式は決まっていませんが、一般の領収書のような書式で作成します。

2　答弁書に記載する事項は、次のようになっています（民事訴訟規則80条1項）。

① 請求の趣旨（原告がどのような判決を求めるのかの記載）に対する答弁
② 訴状に記載された事実に対する認否（認めるのか、否認するのか）
③ 抗弁事実（被告が原告の申立を排斥するため主張する相いれない別個の事実。例えば、貸金返還請求で「借りたが、返した」という抗弁）の具体的な記載
④ 立証を要する事由（被告が立証を要すると予想される事由）ごとに、当該事実に関連する事実で重要なものおよび証拠の記載

(1) 「請求の趣旨」に対する被告の答弁は、次の3つのいずれかになります。

> ① 原告の訴えを却下する。
> ② 原告の請求を棄却する。
> ③ 原告の請求を認諾する。

①の答弁は、本案（原告の請求そのもの）前の答弁ともいわれ、原告の訴えが不適法であるとして門前払いを求めるものです。

②の答弁は、本案に対して請求を否定する答弁で、通常はこの答弁が記載されます。

③の答弁は、本案に対して請求を認めるという答弁で、ほとんどありません。

(2) 訴状の「請求の原因」に記載された事実に対する認否（認めるか、否認するのか）の態様には、次の4つの態様があります。

> ① 認める（承認する）
> ② 否認する（争う）
> ③ 不知（知らない）
> ④ 沈黙

①の「認める」とは、自分に不利な相手方の主張した事実を真実と認める陳述をいいますが、「自白」となりますから、その事実については証拠を必要とせずに裁判所の判断を拘束することになります。自白とは、相手方の主張する自分に不利な事実を認めて争わない旨の陳述をいいます。

②の「否認する」とは、相手方の主張した事実を否定する陳述をいいます。相手方の法律上の主張に対しては「争う」ともいいます。否認する（争う）場合には、その理由を記載する必要があります（民事訴訟規則79条3項）。

③の「不知（知らない）」とは、相手方の主張した事実を知らないということで、その事実を争ったものと推定されます（民事訴訟法159条2項）。

④の「沈黙」とは、相手方の主張した事実を争うことを明らかにしないことをいい、口頭弁論の全趣旨から、その事実を争ったものと認めるべき場

除き、自白したものとみなされます（民事訴訟法159条1項）。
　結局、被告が原告の主張した事実を「認める」と自白となり裁判所の判断を拘束しますから、原告は、被告が「否認する（争う）」「不知（知らない）」とした事実についてのみ立証すればよいことになります。
　被告の抗弁事実（こうべんじじつ）（例えば、貸金返還請求訴訟で被告が「金は借りたが、返した」と主張するように被告が原告の申立を排斥するために主張する相いれない別個の事実）についての立証責任（りっしょうせきにん）は被告が負います。

3　答弁書の書き方は決まっていませんが、一般に次例のように記載します。

平成16年（ワ）第456号　損害賠償請求事件
原告　　○○○○
被告　　○○○○

　　　　　　　　答　弁　書
　　　　　　　　　　　　　　　　　　　平成○年○月○日

○○地方裁判所　御中
　　　　　　　〒000-0000　○県○市○町○丁目○番○号（送達場所）
　　　　　　　　　被告　　○○○○　（印）
　　　　　　　　　　　　（電話　000-000-0000）

頭書事件について、被告は、下記の通り答弁する。
　　　　　　　　　　　　記
第1　請求の趣旨に対する答弁
　1　原告の請求を棄却する。
　2　訴訟費用は原告の負担とする。

第2　請求の原因に対する答弁
　1　請求の原因1の事実は認める。
　2　請求の原因2の事実は否認する。（否認する理由を記載する）
　3　請求の原因3の事実中「○○」の部分は認めるが、その余は否認する。（否認する部分の理由を記載する）
　4　請求の原因4の事実中「○○」の部分は否認し、「○○」の部分は不

知。その余の事実は認める。（否認する部分の理由を記載する）
　5　請求の原因5の事実は争う。（争う理由を記載する）
　6　請求の原因6の事実は不知。

第3　被告の主張
　1　（被告の主張を述べる）
　2　（被告の主張を述べる）
　3　上記の通りであるから、原告の請求は、理由がない。

証拠方法

1　乙第1号証　　契約書
2　乙第2号証　　領収証

附属書類

1　乙号証の写し　各1通

以上

Q5 答弁書に対して原告はどのように対応するのですか

1　被告からの答弁書の中に原告の主張に対して「否認する（争う）」または「不知（知らない）」しかない場合にも、原告は必ずしも反論をする必要はなく（実際には相手方の否認した事実に対し原告準備書面で反論する場合が多い）、「否認する」または「不知」とされた事実について原告は証拠を提出して立証することになります。ただ、答弁書の中に「抗弁」を含んでいる場合には、原告は第1回準備書面で反論しておく必要があります。抗弁とは、被告が原告の申立を排斥するために相いれない別個の事実を主張することをいいます。たとえば、貸金返還請求訴訟で、被告が「金は借りたが、返した」と主張するような場合です。

　被告の抗弁に対して原告は「認める」「否認する」「不知」のいずれかの認否をしてもよいし、さらに抗弁（再抗弁）を出してもかまいません。被告の抗弁を原告が否認した場合には、被告が証拠を出して立証する必要があります。

　抗弁も相手方の主張を排斥するための主張である点では否認と共通しますが、①否認は相手方が証明責任を負う事実を否定する陳述であるのに対して、②抗弁は自分が証明責任を負う事実の積極的主張である点で異なります。

> 否認と抗弁の区別
> ①　否認は、相手方が証明責任（立証責任）を負う事実を否定する主張
> 　　（例えば、貸金返還請求訴訟で「借りた事実はない」という主張）
> ②　抗弁は、自分が証明責任（立証責任）を負う事実の積極的主張
> 　　（例えば、貸金返還請求訴訟で「金は借りたが、返還した」という主張）

2　証明責任（立証責任）とは、ある事実が存在するのかどうかが不明の場合に、不利な判断を受けるように法律で定められている当事者の不利益をいいます。例えば、貸金返還請求訴訟では、金銭の授受と返還の約束のあったことは原告が証明責任を負い、弁済したこと（返還したこと）については被告が証明責任を負います。このように証明責任は、あらかじめ当事者の一方だけが負う

こととされており、当事者の双方が負うことはありません。したがって、貸金返還請求訴訟で原告の提出した証拠や弁論の全趣旨を考慮しても返還の約束の存否が不明の場合には証明責任を負っている原告は請求棄却判決を受けることになります。裁判官にとって証拠調べが終わっても事実が真偽不明の場合にも裁判官は裁判を拒否できませんから、証明責任を当事者の一方に負わせることによって裁判を可能にしたのです。

　証明責任の対象となる事実は主要事実（要件事実・直接事実）に限られます。主要事実とは、法規の構成要件（法律効果の発生・変更・消滅をさせる要件）に該当する事実をいいます。例えば、賃金返還請求訴訟で「金銭を渡した事実」や「返還を約束した事実」をいいます。一方、主要事実の存否を推認させる事実を間接事実といいます。例えば、賃金返還請求訴訟で「原告が金銭を渡した前日に銀行から自分の貯金を下ろした事実」や「被告が金銭を受領した翌日から金回りがよくなった事実」をいいます。

　一般に原告が証明責任を負う場合が多いので、原告がその主張を証拠で立証することができない場合は敗訴となります。証明責任は当事者の一方にあらかじめ客観的に割り当てられており、訴訟の進行によって他方の当事者に移ることはありません。しかし、証明責任を負う当事者が証拠を提出して証明に成功しそうになったときに相手方も別の証拠（反証）を出して裁判官の心証を動揺させなければ敗訴を免れないことになります。このような場合には立証責任がなくても「立証の必要」（証明の必要）があるといえます。

3　各当事者は自分に有利な裁判を受けるために、証明責任を負う主要事実について各自がこれを証明しなければならない責任を負いますが、これを主観的証明責任といいます。実際の訴訟では、証明責任を負う当事者だけが立証活動をするのではなく、双方の当事者が自分の主張する事実を証明する証拠を出すことになります。この場合に、①証明責任を負う当事者が提出する証拠を「本証」といい、②証明責任を負わない当事者の提出する証拠を「反証」といいます。本証は、その事実について裁判官に確信を生じさせなければなりませんが、反証は、その事実の存否について裁判官の確信を動揺させ真偽不明の状態にさせれば目的を達したことになります。誰が本証を提出し、誰が反証を提出しなければならないかは法律の規定による証明責任の分配によって決められています。

Q6 口頭弁論期日は、どのように進められますか

1 　口頭弁論期日とは、当事者（原告と被告）が口頭で主張を陳述したり証拠を提出したりする法廷で審理をする日時をいいます。口頭で陳述するといっても「訴状の通り陳述します」「答弁書の通り陳述します」「準備書面の通り陳述します」のように言うだけのことです。実務では書面を読み上げたりはしません。

　裁判の種類には、①判決、②決定（口頭弁論なしにできる裁判所の裁判）、③命令（口頭弁論なしにできる裁判官の裁判）があり、判決で裁判をする場合には、必ず口頭弁論を行わなければなりませんが、このことを必要的口頭弁論といいます。一方、決定のように口頭弁論を開くかどうか任意とされる場合を任意的口頭弁論といいます。

　口頭弁論は訴訟手続の中心となるものですが、そのルールは次のようになっています。

① 　弁論（主張を述べること）や証拠調べは、口頭で行わなければならず、口頭で陳述されたものだけが裁判資料として判決の基礎となります。
② 　口頭弁論の手続では、当事者（原告と被告）双方に、その主張を述べる機会を平等に与えなければなりません。
③ 　弁論の聴取や証拠調べは、判決をする裁判官自らが直接行わなければなりません。しかし、例外として、裁判官の転勤などにより裁判官が交代した場合は、審理をやり直すのではなく、従前の口頭弁論の結果を陳述することですませます。
④ 　口頭弁論期日の審理や裁判は国民に公開し、誰でも傍聴できる状態で行わなければなりません。

　口頭弁論のこれらのルールについて、①を口頭主義、②を双方審尋主義（当事者対等主義）、③を直接主義、④を公開主義といいます。

2 　第1回口頭弁論期日は、次のように進められます。

(1) 第1回口頭弁論期日は、裁判長が、特別の事由がある場合を除き、訴えが提起された日から30日以内の日に指定することとされていますが、当事者（原告や被告）の都合を聞かずに指定しますので、出頭できない場合には担当の書記官に電話をして期日の変更をしてもらいます。その際には出頭できる日時を書記官に伝えます。期日の変更が認められない場合は欠席するしかありませんが、第1回口頭弁論期日に限り、原告欠席の場合は訴状を陳述したものとみなし、被告欠席の場合は答弁書を陳述したものとみなします（民事訴訟法158条）。第2回口頭弁論期日以降の期日は当事者双方の都合を聞いて裁判長が次回の口頭弁論期日を決めますが、第1回口頭弁論期日に欠席した場合には書記官から次回の期日の都合を聞いてきます。

(2) 裁判所には呼出状に指定された時刻の10分前には出頭し指定された法廷の傍聴席（誰でも自由に出入りできる席）に入っておきます。初めて裁判所に出頭する場合は法廷の場所が分かりにくいことがありますから、早めに出頭して法廷の場所を確認しておきます。裁判所の待合室にはその日の開廷予定表が掲示されていますから、再度、開廷時刻を確認しておきます。同一時刻に数件の審理が予定されている場合があり、その場合は原則として記載されている順番になりますが、当事者が遅れてくる場合には順番が変更になることもあります。

指定された法廷に出頭したときは、廷吏（当事者の出頭の確認などをする係員）に出頭したことを伝えておきます。出頭カードを備付けている裁判所では、それに記入します。裁判所に出頭する場合は、訴状に押印した印鑑を持参します。相手方の提出した書類を受け取る場合などに印鑑が必要になります。

(3) 最初の順番になっている場合は、廷吏に確認して開廷時刻の5分前には原告席または被告席に着席します。裁判官が法廷に入ってくる際には廷吏の「起立願います！」の合図で全員が起立する慣行になっています。

(4) 第1回口頭弁論期日では、原告は訴状を陳述し、被告は答弁書を陳述しますが、陳述といっても、読み上げるのではなく、裁判長の質問に答えて「訴状の通り陳述します」とか「答弁書の通り陳述します」というだけです。裁判所の実務では、「○○の通り陳述します」といえば、その書面の内容を全部口頭で述べたことになるのです。各当事者が法廷で発言（陳述）する際には起立して発言する慣行になっています。

(5) 裁判官が書面の内容について、たまに質問する場合がありますが、すぐ答えられることは答えて、すぐには答えられないことは「調べて準備書面に書いて提出します」と答えて質問内容をメモしておきます。各当事者（原告と被告）から相手方に直接質問することはできませんから、実務上は、準備書面に「求釈明」（説明を求めること）として質問事項を記載します。ただ、相手方は、それに答える義務はありませんが、答えない場合には、その者が不利になる場合もあります。

(6) 訴状や答弁書の陳述も終わり、裁判官や当事者からの発言もない場合は次回の期日を決めます。まず、裁判所の都合のよい日時を裁判長が言いますから、都合が悪ければ、「差し支えます」と言って別の日時を指定してもらいます。都合がよければ「結構です」と述べて、裁判所・原告・被告の三者の都合のよい日時が決まったらメモしておきます。次回期日は、早い場合には1か月位先の日時が指定されますが、各期日には4か月位先までの予定表を持参します。

(7) 口頭弁論期日は裁判官が判決をすることができると判断する時まで続行されます。

3　第2回口頭弁論期日以降の各期日の対応の仕方は、おおむね次の通りです。

(1) 準備書面は、それに記載した事項について相手方が反論を準備するのに必要な期間をおいて裁判所に提出し相手方にも直送（直送不能の場合は書記官に依頼）する必要があります（民事訴訟規則79条1項・83条1項）。実務上は、裁判官が提出期限を指定する場合がありますが、指定がない場合でも1週間前には提出します。期日の当日に提出する者もおり、何らの制裁措置もないので提出期限が守られない場合も多いのです。

(2) 各期日の前日には既に提出されている準備書面その他の書面を新しいものから順に見ておきます。自分の提出した書類の内容について裁判官から聞かれた場合は、直ぐに答えられるものは答えますが、よく分からないこと・知らないこと・調査しないと分からないことは「よく調べて（よく考えて）準備書面に書いて提出します」と答えてメモをして帰ります。

(3) 準備書面の提出回数に制限はありませんから、提出した準備書面の内容に追加または変更する事項がある場合は、いつでも、随時、提出することとします。証拠（書証・証人など）の提出は、訴訟の進行状況に応じ適切な時

期に提出する必要があります（民事訴訟法156条）から、自分に有利な証拠はQ9以降の手続により早めに提出します。

(4) 口頭弁論期日は裁判官が判決をすることができると判断する時まで続行されます。裁判官が判決をすることができると判断した時に口頭弁論を終結（結審）します。審理の順序は、①訴状と答弁書の陳述、②各当事者からの準備書面や証拠の提出、③争点について証拠調べ（証人尋問その他）、④口頭弁論の終結（結審）、⑤判決の言い渡しとなります。裁判官の中には面倒くさいので十分な審理もせずに結審しようとする者がいますから結審をさせないためには「証人申請を考えています」とか「書証を探しています」とか、相手方の準備書面が期日の直前に提出された場合には「被告の準備書面に反論します」のように述べて結審をさせないことが大切です。各期日に裁判官から訴訟の進行について意見を求められる場合がありますから、答えられるように準備をしておきます。「主張もない。証拠もない。」と答えた場合には、次回の期日は必要がありませんから、結審になります。

(5) 訴訟の進行は、遅らせることはできますが、早くすることはできません。江戸時代以前からも訴訟には時間がかかるものと相場が決まっていましたが、現在も実態は変わっていないのです。早くすることはできないのですから、訴訟を楽しむ余裕が欲しいものです。訴訟という裁判ゲームを1回経験すると阿呆らしさが分かってきます。

4　第1回口頭弁論期日だけに限りませんが、相手方から書証（証拠の文書）が提出されている場合には、裁判長は「書証の成立の認否」について提出者の相手方に尋ねます。書証の成立の認否とは、その文書の作成者とされている者が作成したことを認めるか否かということです。その文書の内容自体を認めるか否かということではありません。

　書証の成立の認否には次の3つがありますから、そのいずれであるかが分かるように答えます。原則として口頭で答えますが、答えられない場合は「書証の成立の認否は準備書面に書いて提出します」と述べて書面にして提出することもできます。

① 成立は、認める。
② 成立は、否認する。

> ③ 成立は、不知（知らない）。

　①は、相手方の主張する作成者が作成したことは認めるということです。書かれた文書の内容を認めるという意味ではありません。
　②は、相手方の主張する作成者が作成したことを否認するということです。
　③は、相手方の主張する作成者が作成したものかどうかは知らないということです。
　上の②または③とされた場合には、書証の提出者が、作成者とされている者が作成したことを証明しないと証拠にはなりません。たとえば、作成者を証人として尋問する必要があるのです。

5　法廷の配置は、合議制（3人の裁判官で構成）の場合は一般に次図のようになっています。1人制（単独制）の場合の裁判官の席は中央正面の裁判長の席となります。行政訴訟や複雑な民事訴訟は合議制で行われますが、その他の民事訴訟は1人制で行われます。

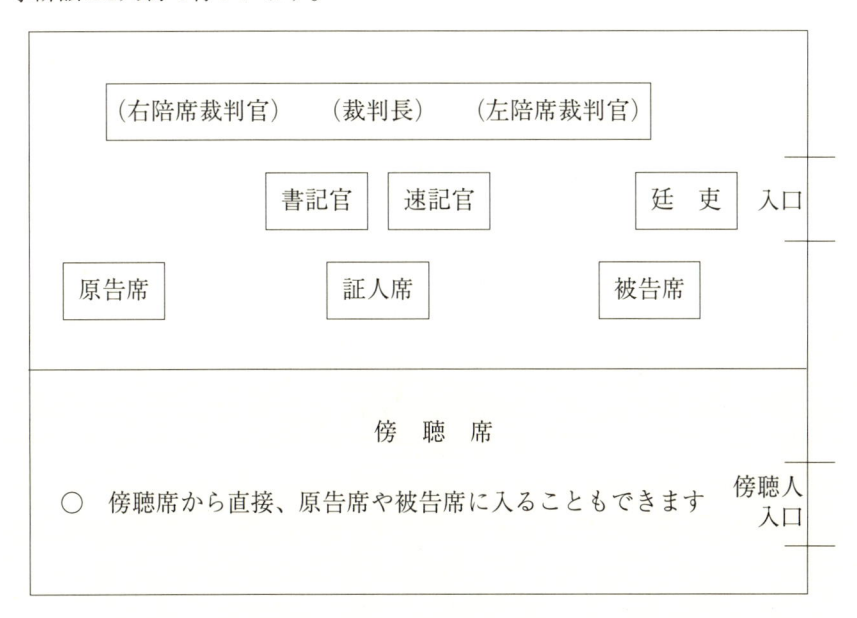

```
┌─────────────────────────────────────────┬──────┐
│  （右陪席裁判官）　（裁判長）　（左陪席裁判官）　│      │
│                                          │      │
│      書記官　  速記官        廷　吏     │ 入口 │
│                                          │      │
│  原告席        証人席        被告席     │      │
├─────────────────────────────────────────┤      │
│             傍　聴　席                  │      │
│                                          │ 傍聴人│
│  ○　傍聴席から直接、原告席や被告席に    │ 入口 │
│     入ることもできます                   │      │
└─────────────────────────────────────────┴──────┘
```

(1)　合議制の場合は裁判官の中央に裁判長が座り、裁判長の右側（傍聴席からは左側）に右陪席(ばいせき)裁判官、裁判長の左側には左陪席裁判官が座ります。右

陪席裁判官が上席とされています。
　(2)　法廷の入口には廷吏(ていり)がいます。廷吏は裁判長の命令によって事件関係人（原告、被告、証人など）を呼んだり、事件番号や事件名を呼び上げたりします。事件の呼び上げは書記官が行う場合もあります。口頭弁論期日は事件の呼び上げによって開始します。

6　口頭弁論は裁判長（1人制では裁判官）が指揮をしますから、裁判長は発言を許し、またはその命令に従わない者の発言を禁ずることができます（民事訴訟法148条）。この権限を訴訟指揮権(そしょうしきけん)といいます。
　裁判長は、口頭弁論期日または期日外において訴訟関係（事件の内容）を明瞭にするため、事実上および法律上の事項に関し、当事者に対して問いを発しまたは立証（証拠を出すこと）を促すことができます（民事訴訟法149条1項）。この権限を釈明権(しゃくめいけん)といいます。合議制の場合の陪席裁判官（裁判長以外の裁判官）も裁判長に告げて釈明権の行使ができます（民事訴訟法149条2項）。
　当事者（原告と被告）は、口頭弁論期日または期日外において裁判長（1人制では裁判官）に対して必要な発問を求めることができます。当事者は相手方に対して、その陳述の趣旨を確かめるために直接に問いを発することは認められませんが、裁判長を通じて発問してもらうことができます。これを求問権(きゅうもんけん)とか、求釈明(きゅうしゃくめい)といいます（民事訴訟法149条3項）。相手方に対して質問をする場合は、一般に準備書面に「求釈明」として質問事項を記載して相手方に説明を求めます。

7　口頭弁論による充実した審理を行うには、その訴訟で何が問題となるのかの争点を明確にして集中的に証拠調べを行う必要がありますが、そのための準備の手続として次のような、①準備的口頭弁論、②弁論準備手続、③書面による準備手続の各手続が口頭弁論とは別に行われる場合があります。よく利用されるのは、②の弁論準備手続です。
　(1)　準備的口頭弁論とは、口頭弁論の方式で争点や証拠の整理に必要な行為を集中的に行う手続をいいます。口頭弁論期日に公開の法廷で行われます。
　(2)　弁論準備手続とは、法廷外の弁論準備室・和解室などでテーブルを囲んで争点や証拠の整理を行う手続をいいます。原則として非公開ですが、裁判官が相当と認めるときは傍聴することができます。行政訴訟（住民訴訟、処

分の取消訴訟など)では一般に傍聴が許されています。電話会議システムを利用して行うこともできます。弁論準備手続には、口頭弁論の規定が準用されていますから、準備書面の提出、書証の証拠調べのほか、口頭弁論でできた行為は、ほとんどできます(民事訴訟法170条5項)。弁論準備手続が終わったときは、当事者は、その結果を口頭弁論期日において陳述する(実際は裁判官のその旨の発言を黙認する)必要があります(民事訴訟法173条)。

(3) 書面による準備手続とは、当事者(原告や被告)の出頭なしに準備書面の提出により争点や証拠の整理を行う手続をいいます。当事者が裁判所から遠隔地に居住している場合に利用することができます。電話会議システムを利用して行うこともできます。

8　口頭弁論期日ごとに書記官は口頭弁論調書を作成します。証人尋問が行われた場合には証人尋問調書も作成します。弁論準備手続期日では弁論準備手続調書が作成されます。そのほかに本人尋問調書、証拠調べ調書、書証目録(甲号証や乙号証の表題などを記載した目録)、証人等目録なども作成されます。これらの調書の記載について当事者その他の関係人が異議を述べたときは、書記官は調書にその旨を記載する必要があります(民事訴訟法160条2項)。異議の申立をするには、次回の期日までに「調書の記載に対する異議申立書」を提出します。書き方は決まっていませんが、準備書面の形式で1通を裁判所に提出して訂正その他の異議を申し立てます。

　どの種類の調書でも閲覧することができますし、写しの交付を受けることもできます。訴訟係属中の当事者の閲覧は無料ですが、写し(謄本)の交付は書記官に依頼した場合は1枚150円の手数料が必要です。裁判所によっては弁護士会などが1枚70円程度でコピーをしてくれる場合がありますから、書記官に確認します。閲覧や謄本の交付の請求は「民事事件記録閲覧・謄写票」用紙を書記官からもらって必要事項を記入して書記官または書記官の指定する場所(弁護士会など)に提出します。「民事事件記録閲覧・謄写票」用紙に記入する事項は次の通りです。

> 申請年月日、事件番号、当事者氏名、閲覧等の目的(訴訟準備とする)、所要見込時間(閲覧の場合に記入)、次回期日、閲覧等の内容(例えば、平成〇年〇月〇日の期日の調書の全部)、担当部係(例えば、地裁民事部)、申請区

> 分（閲覧・謄写・複製の該当するものを○で囲む）、資格（当事者を○で囲む）、申請人の住所・氏名（弁護士会などに依頼する場合は連絡先電話番号も記載）
> 〔その他の欄の記入は不要〕

　各調書の記載に誤りがないかの確認と自分の聞き間違いの確認のために各調書の写しは必ず交付を受けておきます。各期日の終了後に「民事事件記録閲覧・謄写票」を提出して帰ります。

　訴訟記録は、当事者でなくても、誰でも書記官に対して「閲覧」を請求することができます（民事訴訟法91条1項）。この場合は、訴訟係属中の当事者以外は1件150円の手数料が必要です。また、当事者と利害関係人に限り、書記官に対し訴訟記録の謄写、正本・謄本・抄本の交付を請求することができます（民事訴訟法91条3項）。この場合、書記官から交付を受けるときは1枚150円の手数料が必要です。

Q7 準備書面は、どのように書くのですか

1　準備書面とは、口頭弁論期日（当事者が法廷で口頭の陳述するための裁判長の指定した日時）に陳述しようとする自分の言い分を書いた書面をいいます。口頭弁論は書面（準備書面）で準備する必要があります。準備書面には、次の事項を記載します（民事訴訟法161条2項）。

> ①　攻撃または防御の方法（各当事者の申立を理由づけるためにする法律上・事実上の一切の陳述や証拠の提出をいい、原告のするものを攻撃方法、被告のするものを防御方法といいます）
> ②　相手方の請求および攻撃または防御の方法に対する陳述（主張を述べること）

準備書面にも裁判所に提出する書面の一般的記載事項（事件の表示、当事者の氏名、附属書類の表示、提出年月日、提出先の裁判所名）を記載して当事者が記名押印をします。

2　準備書面の書き方は決まっていませんが、平成13年1月からのA4判横書き化に際して最高裁判所の示した書式例に準じて通常は次例のように記載します。

平成○○年（ワ）第○○○号　損害賠償請求事件
原告　　○○○○
被告　　○○○○
　　　　　　　　　　　第5準備書面
　　　　　　　　　　　　　　　　　　　平成○○年○○月○○日
○○地方裁判所　御中
　　　　　　　　　　　　　　　　原告　　○○○○（印）

第1　被告の平成○○年○月○日付第4準備書面（以下「被告準備書面④」という）の被告の主張についての反論

1　被告準備書面④の1の(1)の被告の主張は、すべて争う。その理由は、……
　　　　（中　略）
　　2　被告準備書面④の1の(2)の被告の主張のうち、「……」の部分は認めるが、その余は、否認する。その理由は、……だからである。
　　3　被告準備書面④の1の(3)の被告の主張は、不知。
　　4　被告準備書面④の1の(4)の被告の主張は、誤りである。その理由は、……
　　5　（中　略）
第2　求釈明
　　1　被告準備書面④の8の(3)に……とするが、その理由を明らかにされたい。
　　2　被告準備書面④の9の(1)に……とするが、その根拠を明らかにされたい。
　　3　（内容省略）
第3　原告の主張
　　1　（内容省略・反論や言い分を詳細に述べる）
　　2　（内容省略）
　　3　（内容省略）
第4　書証の成立の認否
　　1　乙第7号証の成立は、認める。
　　2　乙第8号証の成立は、否認する。その理由は、……だからである。
　　3　乙第9号証の成立は、不知。
　　　　　　　　　　　　　　　　　　　　　　　　　　　　以上

(1)　準備書面の書き方も答弁書の場合（Q4参照）と同様ですが、相手方の主張する事実に対する認否（認めるか否認するか）の態様には次の4つがあります。

> ①　認める（承認）
> ②　否認する（争う）……この場合には、その理由も記載します
> ③　不知（知らない）

④ 沈黙

　相手方の主張した事実を争うことを明らかにしない場合（沈黙の場合）は、弁論の全趣旨からその事実を争ったものと認められる場合を除き、その事実を自白（相手の主張を認めること）したものとみなされますから注意が必要です（民事訴訟法159条1項）。相手方の主張を認める場合または反論できない場合は、その部分について、わざわざ「認める」と記載せずに沈黙することにします。相手方の主張に対して認否を必要としない場合（単に事実を記載している場合など）や無視したい場合も、沈黙することにします。

(2)　相手方の提出した書証（証拠の文書）の成立の認否（相手方が作成者と主張する者が作成したことは認めるか否認するか）を記載する場合は次のいずれかを明確にします。

　　① 　成立は、認める
　　② 　成立は、否認する……この場合には、その理由も記載します
　　③ 　成立は、不知

(3)　準備書面に事実についての主張を記載する場合には、できる限り、①請求を理由づける事実、抗弁事実（相手方の主張を排斥するため主張する相いれない別個の事実）または再抗弁事実についての主張と、②これらに関連する事実（間接事実）についての主張とを区別して記載しなければなりません（民事訴訟規則79条2項）。

　主張した事実を立証する必要がある場合には、その事実ごとにその事実を証明する証拠を記載する必要があります（民事訴訟規則79条4項）。

(4)　準備書面において相手方の主張する事実を否認する場合には、その理由を記載する必要があります（民事訴訟規則79条3項）。

(5)　相手方の準備書面の記載事項の意味が不明の場合は反論できませんから、左例のように釈明（説明）を求めます。「求釈明」として説明を求める事項を記載します。

(6)　準備書面は、裁判所に「提出」するとともに相手方にも「直送」します。直送の方法は、郵便のほかＦＡＸ送信でもかまいません。直送できない場合には書記官から送付してもらいますが、この場合には郵便切手が必要です。

準備書面を受領した当事者は相手方と裁判所に対して受領証（書式は自由）を送付します。受領証の送付もＦＡＸ送信でかまいません。

(7)　準備書面の作り方も訴状と同様に片面印刷とし左側2か所をホチキスで綴じます。下部に頁数を付けておけば、各頁間の契印（割り印）は不要です。作成部数は、裁判所用１部、相手方用が相手方数、控え１部で、相手方１人の場合は３部作成します。

Q8 証拠調べとは、どういうことですか

1　証拠調べとは、裁判所が、物的証拠（物証）や人的証拠（人証）を法定の手続により取り調べて、そこから証拠資料（取り調べの結果）を得る行為をいいます。証拠調べの段階が、訴訟の各段階の中で最も重要です。各当事者がどんなに自分の主張が正しいと主張してみても証拠により立証できなければ意味がないからです。

　証拠は裁判官に事実の存否について確信を得させる資料ですが、①証拠方法（5種）、②証拠資料、③証拠原因に区別することができます。

①　証拠方法とは、裁判官が五官の作用によって取り調べることができる物的証拠（文書、検証物）と人的証拠（証人、当事者本人、鑑定人）をいいます。
②　証拠資料とは、裁判官が証拠方法（物証や人証）を法定の手続により取り調べることによって得た結果（内容）をいいます。つまり、(a)文書の記載内容、(b)検証物の形状、(c)証人の証言内容、(d)当事者本人の供述内容、(e)鑑定人の鑑定意見がこれに当たります。
③　証拠原因とは、事実の存否について裁判官に確信を生じさせる原因となった証拠資料や弁論の全趣旨をいいます。

2　証拠の種類としては、次のような①直接証拠と間接証拠、②本証と反証の区別があります。
　(1)　直接証拠とは、主要事実（直接事実・要件事実）を直接証明するための証拠をいいます。主要事実とは、権利の発生・変更・消滅という法律効果の有無を判断するのに必要な事実をいいます。
　　これに対して、間接証拠とは、間接事実（主要事実の存否を推認させる事実）や補助事実（証拠方法の信用性に影響を及ぼす事実）を証明するための証拠をいいます。

たとえば、貸金返還請求訴訟の場合なら、

> ①　金銭の授受と返還約束が主要事実であり、借用証書や契約に立ち会った証人が直接証拠となります。
> ②　貸主が銀行口座から引き出した事実が間接事実であり、銀行口座から引き出した事実を供述する銀行員が間接証拠となります。
> ③　その銀行員が貸主の親類だから信用できないというのが補助事実であり、その証拠は間接証拠となります。

(2)　本証とは、自分に証明責任（立証責任）のある事実を証明するために提出する証拠をいいます。

一方、反証とは、本証による裁判官の確信を妨害するために提出する証拠をいいます。したがって、本証は、裁判官に確信を得させることによって目的を達しますが、反証は、裁判官の確信を動揺させることによって目的を達します。

この場合の「証明」とは、事実の存否について裁判官に確信（合理的な疑いの余地のない心証に達した状態）を得させようとする当事者の行為をいいます。これに対して、「疎明」とは、事実の存否につき裁判官が一応確からしいという心証を得た状態に達せしめるための当事者の行為をいいます。例えば、証人の尋問に代えて、その者の供述を記載した書面を提出するような場合です。裁判の前提となる事実の認定には「証明」を要するのが原則ですが、明文の規定により訴訟上の一応の措置を定めるような場合には「疎明」で足りるとされている場合があります。

3　証拠調べをしても、事実の存否が不明で裁判官が確信を持つに至らない場合がありますが、真偽不明の状態でも裁判官は裁判を拒否することはできませんから、真偽不明の状態でも裁判を可能にする方法を決めておく必要があるのです。

ある事実が真偽不明の場合に不利な判断を受けるように定められている当事者の不利益のことを証明責任（立証責任）といいますが、証明責任をいずれか一方の当事者に負担させることによって真偽不明の場合にも裁判を可能にしているのです。

証明責任を負うのは当事者の一方のみであって、当事者の双方が証明責任を負うことはありません。証明責任の対象となる事実は主要事実（その訴訟につ

いて適用される法規の構成要件に該当する事実）に限られます。主要事実について押さえておけば、法規の適用または不適用は可能となり裁判ができるからです。

4　民事訴訟（行政訴訟も同じ）は弁論主義（事実の主張と証拠の提出を当事者の責任とする主義）を採用していますから、弁論に現れない事実は証明の対象となりません。
　弁論主義の内容は、次の3つの原則（①主張責任の原則、②自白の拘束力、③職権証拠調べの禁止）に要約されます。

> ①　裁判所は、当事者の主張しない事実（主要事実）を認定して裁判の基礎とすることは許されない。
> ②　裁判所は、当事者間に争いのない事実（自白された主要事実）はそのまま裁判の基礎としなければならない。
> ③　裁判所は、争いのある事実（主要事実に限られない）を証拠によって認定する場合には、必ず当事者の申し出た証拠によらなければならない。

　①の原則により、当事者は自分に有利な事実について主張しておかないと、かりに証拠上その事実が認められても、その事実はないものとして扱われ不利益となりますが、この不利益を主張責任といいます。
　②の原則により、当事者間に争いのない事実については証拠調べの結果からこれと異なる事実を認定することは許されないので、事実審理の範囲を限定する機能を持つことになります。自白された事実の真偽を確かめるために証拠調べはできないのです。
　③の原則により、裁判所の職権による証拠調べは禁止され、個別的に規定が設けられている場合しか職権による証拠調べをすることはできません。

5　民事訴訟の審理の過程は、(1)まず、事実の認定をし、(2)認定した事実に法規をあてはめ、(3)法規の適用により権利義務の存否を判断するという過程をとります。
　(1)　事実の認定については、弁論主義から弁論に現れない事実（当事者が主張しない事実）は証拠による証明は不要とされていますが、弁論に現れた事

実であっても、①顕著な事実、②裁判上自白された事実、③自白したものとみなされる事実も証拠による証明は不要とされています（民事訴訟法179条・159条1項）。

　①　顕著な事実には、(a)公知の事実と、(b)職務上顕著な事実とがあります。

　　(a)　公知の事実とは、第二次世界大戦や関東大震災のような歴史上の事件や大災害のように通常の知識経験を有する者が疑わない程度に知れ渡っている事実をいいます。

　　(b)　職務上顕著な事実とは、判決をすべき裁判所の裁判官が職務を行うに当たって知り得た事実（自分がした判決の内容など）をいいます。合議体の場合は過半数の裁判官が明確に知っていることが必要です。

　②　裁判上の自白とは、口頭弁論期日や弁論準備手続でなされた相手方の主張と一致する自分に不利益な事実を認める陳述をいいます。例えば、売買代金請求訴訟の口頭弁論期日に原告Ａが被告Ｂに「ＡＢ間で売買契約が締結された」と主張したところ、Ｂが「その事実を認める」と述べたような場合です。

　③　自白したものとみなされる事実（擬制自白）とは、口頭弁論期日や弁論準備手続で相手方の主張した事実を明らかに争わず、自白したものとみなされる事実をいいます。例えば、自分に都合の悪い相手方の主張に対して何らの反論もせず沈黙を続けたような場合です。

(2)　証明の対象となるのは、原則として「事実」に限られますが、例外として、①特殊な法規（外国法や条例など）や②特殊な経験則（専門的知識）は証明の対象となる場合があります。

　①　法規は原則として証明の対象とはなりませんが、例外的に外国法や自治体の条例のような特殊な法規は裁判官が知っているとは限らないので法規の存在を主張する者が証明をする必要があります。

　②　経験則とは、経験から得られた知識や法則をいいますが、常識的な経験則（たとえば、濡れた地面を見て雨が降ったと判断する場合）には客観性がありますから、証拠によって証明する必要はありませんが、特殊専門的な経験則は裁判官が知っていることは期待できませんので証拠によって証明する必要があります。たとえば、医療過誤訴訟、公害訴訟、自動車・航空機等欠陥訴訟、労働災害訴訟、欠陥住宅訴訟などにおいては、それぞれの分野の特殊専門的な経験則を鑑定などによって証明することになります。

6　裁判所は、判決をするに当たり、口頭弁論の全趣旨および証拠調べの結果をしん酌して、自由な心証により、事実についての主張を真実と認めるべきか否かを判断するとされています（民事訴訟法247条）。これを自由心証主義といいますが、誤判の温床といえるものです。自由心証主義は、裁判所が事実を認定するに当たって用いることができる証拠方法（物証や人証）や経験則をあらかじめ法定した証拠法則に拘束される法定証拠主義に対する主義ですが、どんな確実な証拠でも、裁判官が「信じられない！」といえば、それまでなのです。自由心証主義の精神は、裁判官の勝手気儘な事実認定を許すものではありませんが、裁判官の「自由な心証により」事実認定がなされるのですから、誤判はなくならないのです。裁判は、元来、信用できないものと考えておくのが無難です。信用できないということは、あなたが敗訴するという意味ではないのです。あなたは、証拠が不十分でも勝つかも知れないのです。裁判は、所詮、ゲームかバクチのようなものですから、結果は分からないのです。

「口頭弁論の全趣旨」とは、口頭弁論に現れた一切の訴訟資料を指しますが、裁判官が判決書を書くときに便利な用語で具体的に何を意味しているのか分からない場合が多いのです。最高裁判決も「弁論の全趣旨をも事実認定の一資料とした場合にも必ずしもその内容を判決理由中に説示しなくても理由不備の違法あるものではない」としているのです。つまり、判決書では判決の結論に至った「弁論の全趣旨」の内容を示さなくてもよいとするもので、証拠に基づかない判決として納得できない場合も多いのです。

Q9 証拠調べの申し出は、どのようにするのですか

1　証拠調べの申し出とは、各当事者が裁判所に対して特定の証拠方法（物的証拠や人的証拠）の取り調べを要求する申立をいいます。証拠調べの申し出は、各当事者が証明すべき事実を特定してする必要がありますが、期日前においても証拠の申し出をすることができます（民事訴訟法180条）。証拠調べの申し出方法は証拠方法によって異なりますが、一般に「証拠申出書」という書面を裁判所に提出します。証拠調べに費用を要する場合（たとえば、証人の旅費）にはその費用を予納する必要があります。

証拠の申し出は、訴訟の進行状況に応じて口頭弁論の終結に至るまでの「適切な時期」にしなけばなりません（民事訴訟法156条）。当事者が故意または重大な過失により時機に後れて提出した証拠の申し出については、これにより訴訟の完結を遅らせることとなると認めた場合は、裁判所は、申立によりまたは職権で却下の決定をすることができます（民事訴訟法157条）。

証拠調べ手続の流れは、①各当事者による証拠の申し出、②裁判所による採否の決定、③証拠調べの実施、④裁判所による真偽の判断、⑤真偽不明の場合は証明責任により判断という順序になります。

2　証拠調べの申し出は、①証明すべき特定の事実、②特定の証拠方法（物証や人証）、③この両者の関係（立証の趣旨）を具体的に明示してする必要があります（民事訴訟規則99条）。証拠申出書も準備書面の場合と同様に裁判所に提出するとともに相手方に直送します（民事訴訟規則83条）。証拠申出書の記載例は、Q11（59頁）の証人の場合の通りです。

証拠調べの申し出の撤回は、①証拠調べがなされるまでは、いつでも撤回することができますが、②証拠調べの開始後は相手方の同意がなければ撤回することはできません。③証拠調べの終了後は裁判官に心証が形成されますから、たとえ相手方の同意があっても撤回の余地はありません。

証拠調べの申し出が適法であっても、裁判所が必要でないと認めるものは取り調べることを要しないとされており、証拠調べについて不定期間の障害（証人の行方不明など）があるときは証拠調べをしないことができます（民事訴訟法

181条)。証拠調べの申し出が不適法な場合や取り調べの費用（証人の旅費など）を予納しない場合は申し出が却下されます。

　証拠調べの申し出に対する採否の判断（証拠決定）には、①その申し出を認容する証拠調べ決定と②その申し出を排斥する却下決定がありますが、証拠決定は訴訟指揮に関する裁判なので、いつでも取消や変更をすることができますから、不服申立はできません（民事訴訟法120条）。実務上は証拠の採否を明示しないまま証拠調べが行われる場合（黙示の証拠決定）もあります。

3　証拠調べは、受訴裁判所（訴訟の係属している裁判所）の公開の法廷で行うのが原則ですが、裁判所が相当と認めるときは、受訴裁判所外で証拠調べを行うこともできます。証拠調べ期日は、法律上、口頭弁論期日と明確に分離されておらず、証拠調べは口頭弁論と結合して口頭弁論期日に行われます。

　各当事者は証拠調べに立ち会うことができる（立会権）ので、裁判所は、証拠調べの期日や場所を当事者に告知して呼び出さなければなりません。しかし、当事者が期日に欠席しても証拠調べを行うことができます（民事訴訟法240条・183条)。

Q10 書証の証拠の申し出と取り調べ手続は、どのようにするのですか

1　書証とは、文書に記載された意味内容を証拠資料とする証拠調べをいいます。文書とは、文字その他の記号の組み合わせによって意味を表現した紙その他の有体物をいいますが、図面・写真・録音テープ・ビデオテープその他の情報を表すために作成された文書に準ずる物（準文書）にも書証の規定が準用されます（民事訴訟法231条）。

「書証」の証拠の申し出の方法には、次の３つの方法があります（民事訴訟法219条・226条）。

> ①　文書の提出（文書の写しを裁判所に提出し相手方に直送する）
> ②　文書提出命令の申立（申立書を裁判所に提出し相手方に直送する）
> ③　文書送付嘱託の申立（申立書を裁判所に提出し相手方に直送する）
> （いずれの場合も直送できない場合は書記官に送付を依頼する）

①　文書の提出は、挙証者（きょしょうしゃ）（自分の主張を立証する者）が文書を所持する場合には、文書の写しを提出します。
②　文書提出命令の申立は、相手方または第三者が文書を所持する場合にそれらの者が提出義務を負うときに申立をします。
③　文書送付嘱託の申立は、文書の所持者に提出義務のない場合に文書の所持者に文書の送付を嘱託するときに申立をします。

2　文書を提出して書証の申し出をする場合は、文書の写し２通（相手方が２以上の場合は１を加えた数）を提出するとともに、文書の記載から明らかな場合を除き、①文書の標目（表題）、②文書の作成者、③立証趣旨を明らかにした「証拠説明書」２通（相手方が２以上の場合は１を加えた数）を裁判所に提出する必要があります。ただし、証拠説明書は、やむを得ない事由があるときは、裁判長の定める期間内に提出できます。文書の写しや証拠説明書は相手方に直送することができます（民事訴訟規則137条）。

写しを作成する場合は自分の控えも作成しておきます。写しは書証そのものではなく、書証の取り調べは原本（作成者が作った元の文書）で行います。原本そのものがコピーしたもの（写し）の場合も、その写しをコピーして写しを作成します。写しは拡大・縮小をせずに原本と同じサイズにします。
　写しを提出する場合は、訴状の書き方で説明した通り、原告の場合は甲第〇号証、被告の場合は乙第〇号証のように甲号証または乙号証の各一連番号を写しが横書きの場合は右上隅に、縦書きの場合は左上隅に赤鉛筆で記載します。
　本の一部を書証として提出する場合の書証の番号は、枝番号を付けて、①表紙、②必要な部分、③奥付（発行年月日、著者、発行所の記載部分）に甲第7号証の1、甲第7号証の2、甲第7号証の3のように表示します。手紙とその封筒の場合も同様にします。
　証拠説明書の記載例は次の通りです（A4サイズ横書き・片面印刷）。証拠説明書は文書の記載から明らかな場合を除き必ず提出します。文書に準ずる図面・写真・録音テープ・ビデオテープその他の情報を表すために作成された物件についても同様に作成します。

平成〇〇年（ワ）第〇〇〇号　損害賠償請求事件
原告　〇〇〇〇
被告　〇〇〇〇

証拠説明書

　　　　　　　　　　　　　　　　　　　　　　　平成〇年〇月〇日

〇〇地方裁判所　御中

　　　　　　　　　　　　　　　　　　　　原告　　〇〇〇〇（印）

第1　甲第8号証
　1　文書の標目　　建物賃貸借契約書
　2　作成年月日　　平成〇年〇月〇日
　3　作成者　　　　原告及び被告
　4　立証趣旨　　　本件建物賃貸借契約の内容

第2　甲第9号証
　1　文書の標目　　登記簿謄本
　2　作成年月日　　平成〇年〇月〇日

Q10──書証の証拠の申し出と取り調べ手続は、どのようにするのですか

```
  3  作成者       ○○地方法務局登記官
  4  立証趣旨     原告が本件建物を所有している事実
                                                    以上
```

　証拠説明書の書き方は決まっていませんから、①文書・準文書の標目、②作成年月日、③文書・準文書の作成者、④立証趣旨が分かるように記載します。所持している書証が原本か写しかの別を記載する場合もあります。原本は、相手方が「書証の成立の認否」をする際に提示する場合がありますから、裁判所に持参します。

　例えば、写真（準文書）の場合は次の例のように記載します

```
第1  甲第10号証
  1  準文書の標目    写真
  2  撮影の対象      本件建物の雨漏りのしている天井部分
  3  撮影の日時      平成○年○月○日午前11時頃
  4  撮影の場所      別添図面の通り
  5  撮影者          原告本人
  6  立証趣旨        本件建物の天井部分から雨漏りがしている事実
```

　3　文書提出命令の申立は、当事者が、①文書の表示、②文書の趣旨、③文書の所持者、④証明すべき事実、⑤文書の提出義務の原因の5つの事項を明らかにして「文書提出命令申立書」により申立をする必要があります（民事訴訟法221条）。

　文書提出命令の申立は文書提出義務のある文書について行われ、文書の所持者は次の場合には提出を拒むことはできません（民事訴訟法第220条）。

```
1  当事者が訴訟において引用した文書を自ら所持するとき
2  挙証者が文書の所持者に対しその引渡または閲覧を求めることができ
   るとき（例えば、共有の土地の権利証、貸主に渡した借用証などの文書）
3  文書が挙証者の利益のために作成され、または挙証者と文書の所持者
   との間の法律関係について作成されたとき（例えば、承諾書、受領書など
   の文書）
```

> 4 前3号に掲げる場合のほか、文書が次のいずれにも該当しないとき
>   イ 文書の所持者または文書の所持者の親族などの証言拒絶権を有する者についての証言拒絶のできる事項が記載されている文書
>   ロ 公務員の職務上の秘密に関する文書でその提出により公共の利益を害し、または公務の遂行に著しい支障を生ずるおそれがあるもの
>   ハ 医師などの職務上の守秘義務事項または技術や職業の秘密に関する証言拒絶のできる事項で、黙秘の義務が免除されていないものが記載されている文書
>   ニ 専ら文書の所持者の利用に供するための文書(国または地方公共団体が所持する文書にあっては、公務員が組織的に用いるものを除く)
>   ホ 刑事事件に係る訴訟に関する書類もしくは少年の保護事件の記録またはこれらの事件において押収されている文書

　上の「4号」の文書は、例外的に提出を拒むことができるとされていますが、大別すると①もし文書の所持者が証人尋問を受けた場合は証言拒絶のできる事項が記載された文書と、②もっぱら自分だけが使用する文書(日記帳など)に分けられます。

　上の「4号」の文書の文書提出命令申立は、その申立による必要がある場合に限られます(民事訴訟法221条2項)。たとえば、登記簿謄本のように誰でも交付を受けられるものは申立の必要がないからです。

　文書提出命令申立書の記載例は次の通りです(A4サイズに横書き)。文書提出命令申立書は裁判所に正本1通を提出し副本(正本と同じもの)は相手方に直送します。直送できない場合は書記官に送付を依頼します。

平成○○年(行ウ)第○○○号　損害賠償代位請求事件
原告　○○○○
被告　○○○○

文書提出命令申立書

　　　　　　　　　　　　　　　　　　　　　　平成○年○月○日
○○地方裁判所　御中
　　　　　　　　　　　　　　　　　　　　原告　　○○○○　(印)

原告は、下記の通り文書提出命令の申立をする。

Q10——書証の証拠の申し出と取り調べ手続は、どのようにするのですか

記
1　文書の表示
　　○○に関する平成○年○月○日付報告書
2　文書の趣旨
　　上記文書には○○の内容が記載され、□□の趣旨で作成された文書である。
3　文書の所持者
　　被告
4　証明すべき事実
　　被告が○○に関して違法な公金支出を行った事実
5　文書提出義務の原因
　　上記文書は被告が本件訴訟において引用した自ら所持する文書であるので、民事訴訟法第220条第1号の規定に基づき提出義務を負うものである。
　　　　　　　　　　　　　　　　　　　　　　　　　　　　　　　　以上

　文書提出命令の申立に対する意見のある相手方は、意見書を裁判所に提出する必要があります（民事訴訟規則140条2項）。意見書の書式は決まっていませんが、準備書面に準ずるのが便利です。

　裁判所は、文書提出命令の申立を理由があると認めるときは、決定（口頭弁論なしの裁判所の裁判）で、文書の所持者に対し、その提出を命じます。この場合、文書に取り調べる必要がないと認める部分や提出義務があると認めることのできない部分があるときは、その部分を除いて提出を命ずることができます。裁判所は、第三者に対して文書の提出を命じようとする場合には、その第三者を審尋（陳述の機会を与えること）しなければなりません（民事訴訟法223条1項・2項）。

　文書提出命令の申立についての決定（却下や認容の裁判）に対しては、即時抗告（1週間以内にする明文規定のある場合にできる不服申立）をすることができます（民事訴訟法223条7項）。文書提出命令の申立を却下した決定に対しては、申立人から即時抗告ができます。申立を認容した決定に対しては、相手方当事者でも第三者でも所持者から申立人を相手方として即時抗告ができます。

　当事者が裁判所の文書提出命令に従わない場合は、①裁判所は、その文書の記載に関する相手方の主張を真実と認めることができますし、②当事者が相手

方の使用を妨げる目的で提出義務のある文書を滅失させ、その他これを使用することができないようにしたときも同様とされています。これら①②の場合において、相手方が、その文書の記載に関して具体的な主張をすることやその文書により証明すべき事実を他の証拠により証明することが著しく困難であるときは、裁判所は、その事実に関する相手方の主張を真実と認めることができます（民事訴訟法224条）。

　第三者が裁判所の文書提出命令に従わない場合は、裁判所は、決定（口頭弁論を経ない裁判所の裁判）で20万円以下の過料に処することとしています。この決定に対しては、即時抗告ができます（民事訴訟法225条）。

4　文書送付嘱託の申立として、文書提出命令の申立ができる場合でも、文書の所持者にその文書の送付を嘱託（他人に依頼すること）することができます。ただし、当事者が法令により文書の正本または謄本の交付を求めることができる場合（たとえば、土地登記簿の謄本の交付）は除かれます（民事訴訟法226条）。

　文書送付嘱託は、文書提出命令とは異なり、文書所持者に提出義務を課するものではありませんが、官公署や商工会議所のような公的機関なら送付嘱託に応じてくれる可能性が高いので便利な方法といえます。文書提出義務を負っている者に対しても用いることができます。

　文書送付嘱託申立書の記載例は次の通りです（A4サイズに横書き）。この申立書は裁判所に正本1通を提出し副本（正本と同じもの）は相手方に直送します（直送不能の場合は書記官に依頼）。郵便切手を提出していない当事者は、書記官の指定する種類と枚数を書記官に渡します。

平成○○年（ワ）第○○○号　損害賠償請求事件
原告　○○○○
被告　○○○○

文書送付嘱託申立書

　　　　　　　　　　　　　　　　　　　　　平成○年○月○日

○○地方裁判所　御中

　　　　　　　　　　　　　　　　　　原告　　○○○○（印）

　　頭書事件について、原告は、下記の通り文書送付嘱託の申立をする。

記

Q10——書証の証拠の申し出と取り調べ手続は、どのようにするのですか

```
1　文書の表示
　被疑者○○○○に対する平成○年○月○日の○市○町○丁目○番○号先
交差点における交通事故に関する道路交通法違反事件に係る実況見分調書
2　文書の所持者
　〒000-0000○県○市○町○丁目○番○号
　　　　○○地方検察庁　（電話000-000-0000）
3　証明すべき事実
　本件交通事故が○○○○の過失により発生した事実その他事故の状況
　　　　　　　　　　　　　　　　　　　　　　　　　　　　　以上
```

文書送付嘱託に応じて裁判所へ送付された文書を「書証」として提出するには、裁判所で閲覧し必要な部分をコピー（民事事件記録等閲覧謄写票による謄写）をして通常の書証の提出の手続をします。申立をしなかった相手方当事者でも必要な部分を書証として提出することができます。

文書送付嘱託の決定や申立を却下する決定には、文書提出命令の場合と異なり、当事者は独立して不服申立をすることはできません。

訴訟の係属している裁判所の他の裁判部が保管する記録（たとえば、証人尋問調書）を使用したい場合には、「記録顕出申出書」を訴訟の係属している裁判所に提出します。申出書の書式は決まっていませんが、文書送付嘱託申出書に準じます。

文書送付嘱託に代えて、Q15に述べる「調査の嘱託」を申し立てることもできます。

5　文書の成立（文書が作成者の意思に基づいて作成されたこと）について争われた場合には、次のように取り扱われます（民事訴訟法228条〜230条）。
(1)　文書は、その文書の作成者の意思に基づいて真正に作成されたことが証明されなければなりません。文書の成立について争いのある場合は、挙証者が作成者であると主張する者が作成者であることを証明する必要があります。例えば、原告AがX作成の100万円の領収証を書証として提出した場合に、被告Bがその領収証の成立を否認したときは、AはXが作成者であることを証人尋問などにより立証する必要があります。
(2)　文書は、その方式や趣旨により公務員が職務上作成したものと認めるべ

きときは、真正に成立した公文書と推定されます。
(3) 公文書の成立の真否について疑いがあるときは、裁判所は、職権で、当該官庁または公署に照会することができます。
(4) 私文書（公文書以外の文書）は、本人またはその代理人の署名または押印があるときは、真正に成立したものと推定されます。
(5) 文書の成立を否認する場合は、その理由を明らかにする必要があります（民事訴訟規則145条）。
(6) 文書の成立の真否は、筆跡または印影の対照によっても証明することができます。
(7) 当事者またはその代理人が故意または重大な過失により真実に反して文書の成立の真正を争ったときは、裁判所は、決定で10万円以下の過料に処することとしています。この決定に対しては即時抗告ができます。

Q11 証人尋問の申し出と取り調べ手続は、どのようにするのですか

1　証人尋問とは、当事者以外の第三者（証人）に対して口頭で質問し、証明の対象である事実につき証人の経験した事実を供述（証言）させて、その証言を証拠とする証拠調べをいいます。

　裁判所は、特別の定めのある場合を除き、誰でも証人として尋問することができます。日本の裁判権に服する者（日本国内にいる者）はすべて証人義務（出頭義務・宣誓義務・供述義務）を負いますが、例外として、公務員や公務員であった者を証人として職務上の秘密について尋問する場合は、裁判所は、その監督官庁の承認を得る必要があります。この承認は、公共の利益を害し、または公務の遂行に著しい支障を生ずるおそれがある場合を除き、拒むことはできません（民事訴訟法190条・191条）。

　証人が正当な理由なく出頭しないときは、過料（秩序罰）の制裁が科されるほか、罰金や拘留（いずれも刑罰）が科されることがあります。裁判所は、正当な理由なく出頭しない証人の勾引（実力で引致すること）を命ずることもできます（民事訴訟法192条ないし194条）。

　証人尋問の手続は、①当事者による証人尋問の申し出、②証人の呼び出し、③人定質問（人違いでないかの確認の質問）、④宣誓、⑤交互尋問の順序で行われます。

2　証人尋問の申し出は、証人を指定し、かつ、尋問に要する見込みの時間を明らかにしてしなければなりません（民事訴訟規則106条）。

　証人尋問の申し出は、「証拠申出書」を裁判所に提出して行います。証人尋問の申し出は、①証明すべき事実、②証明すべき事実と証人との関係を具体的に明示して行わなければなりません（民事訴訟規則99条）。また、証人尋問の申し出と当事者本人尋問の申し出は、できる限り、一括して行う必要があります（民事訴訟規則100条）。

　証拠申出書を提出するときは、同時に「尋問事項書」（尋問事項を記載した書面）2通（裁判所用と証人用の各1通）を裁判所に提出する必要があります。証拠

申出書にも準備書面の直送の規定が適用されますから、相手方には直送します。
　証拠申出書の記載例は次の通りです（A4サイズに横書き）。

平成○○年（行ウ）第○○○号　損害賠償代位請求事件
原告　○○○○
被告　○○○○

証拠申出書

平成○年○月○日

○○地方裁判所　御中

　　　　　　　　　　　　　　　　　　　　原告　　○○○○（印）

頭書事件について、原告は、下記の通り証人尋問の申し出をする。
　　　　　　　　　　　　　　記
1　証人の表示
　　　住所　〒000-0000　○県○市○町○丁目○番○号
　　　氏名　　○○○○
　　　（呼び出し。主尋問の予定時間40分）
2　証すべき事実
　　○○漁業協同組合に対する漁業損失補償金○億円の公金支出の必要性がなかった事実、その他原告主張事実全般について立証する。
3　証すべき事実と証人との関係
　　証人○○○○は、本件漁業補償金○億円を○○市に要求した当時の○○漁業協同組合の代表者であった者である。
4　尋問事項
　　　別紙の通り

以上

　証拠申出書を提出した者が証人を同行できない場合には「呼び出し」と記載しますが、同行できる場合には「同行」と記載します。
　「尋問事項書」には、主尋問（証拠申出書を提出した者の尋問）の主な尋問事項を記載します。尋問事項書の記載例は次の通りです（A4サイズに横書き）。

```
            尋 問 事 項
                              証人　〇〇〇〇
 1　証人の〇〇漁業協同組合における組合員歴及び役員歴
 2　〇〇漁業協同組合の役員在任中に〇〇市と漁業補償交渉をしたことが
 あるか。
 3　〇〇市に要求した〇億円の漁業補償金の積算内訳は、どうなっている
 か。
              （中　略）
 9　その他、上記に関連する事項
                                    以上
```

3　裁判所は、証人尋問の申し出を採用した場合には証人に「呼出状」を送付して期日に証人を呼び出します。「呼出状」には、①当事者の表示、②出頭すべき日時と場所、③出頭しない場合の法律上の制裁について記載し、④尋問事項書が添付されます。

証人尋問は、裁判長が、まず、人定質問（じんてい）（人違いでないかの確認の質問）を行い、宣誓の前に宣誓の趣旨を説明し、かつ、偽証罪を警告した後に宣誓書を朗読させ、宣誓書に署名押印をさせます。宣誓書には次のように記載されています（民事訴訟規則112条）。

```
            宣　誓
   良心に従って真実を述べ、何事も隠さず、また、何事も付け加えないこ
 とを誓います。

                          氏名　〇〇〇〇　（印）
```

4　証人尋問の順序は、次のように尋問の申し出をした当事者と相手方の当事者とが交互に尋問をして行きます（交互尋問方式・民事訴訟規則113条1項・2項）。

>　①　尋問の申し出をした当事者の尋問（主尋問）
>　②　相手方の尋問（反対尋問）
>　③　尋問の申し出をした当事者の再度の尋問（再主尋問）

上の①②③は当事者の権利として当然に尋問することができますが、その後に各当事者は、裁判長の許可を得て、さらに尋問をすることができます。
　質問内容は制限されており、それぞれ次の事項について行うものとされていますが、裁判長は、質問が相当でないと認める場合は、当事者の申立によりまたは職権で質問を制限することができます（民事訴訟規則114条）。

> ① 主尋問の質問事項は、立証すべき事項とこれに関連する事項
> ② 反対尋問の質問事項は、主尋問に現れた事項およびこれに関連する事項並びに証言の信用性に関する事項
> ③ 再主尋問の質問事項は、反対尋問に現れた事項およびこれに関連する事項

　裁判長は、必要があると認めるときは、いつでも、自ら証人を尋問し、または当事者の尋問を許すことができます。陪席（ばいせき）裁判官（合議体の裁判長以外の裁判官）も裁判長に告げて証人を尋問することができます（民事訴訟規則113条3項・4項）。

5　質問は、できる限り、個別的かつ具体的にしなければなりません。当事者は、次に掲げる質問をしてはなりませんが、②から⑥までの質問は、正当な理由がある場合には質問することができます（民事訴訟規則115条1項・2項）。

> ① 証人を侮辱し、または困惑させる質問
> ② 誘導質問（尋問者の望む供述に誘導する質問）
> ③ 既にした質問と重複する質問
> ④ 争点に関係のない質問
> ⑤ 意見の陳述を求める質問
> ⑥ 証人が直接経験しなかった事実についての陳述を求める質問

　証人は、裁判長の許可を受けた場合を除き、書類にもとづいて陳述（証言）することはできません（民事訴訟法203条）。
　当事者は、裁判長の許可を得て、文書・図画・写真・模型・装置その他の適

当な物件を利用して証人に質問することができます。この場合、文書などが証拠調べをしていないもので、相手方に異議のある場合には、質問の前に相手方にこれを閲覧する機会を与える必要があります（民事訴訟規則116条1項・2項）。

　裁判長は、必要があると認めるときは、証人と他の証人との対質（対面させて行う尋問）を命ずることができます（民事訴訟規則118条1項）。

6　本人訴訟で証人尋問の技術を身につけるには他人の証人尋問の模様を傍聴するのが一番役立ちます。小さい裁判所では証人尋問の期日は少ないので、傍聴に行く前に地方裁判所の書記官に証人尋問があるかを確認して出かけます。

　本人訴訟で一番難しいのは反対尋問とされていますが、それは質問事項が主尋問に現れた事項とこれに関連する事項に限定されているからです。主尋問でも反対尋問でも100項目程度の質問事項を質問文の形式で準備しておきます。書証を提示して質問する方法などは実際に法廷を傍聴して確認しておきます。

　質問に対して相手方の弁護士から裁判長に対して異議の申立がなされた場合は、裁判長の反応を見て次の質問に移るのが無難です。

　本人訴訟の場合には、相手方の申請した証人の陳述書（証人の体験した事実を記載した書面）を提出してもらうように裁判長に口頭で申し出ます。陳述書は書証として提出されますが、反対尋問の質問文を作るのに役立ちます。

Q12 当事者本人尋問の申し出と取り調べ手続は、どのようにするのですか

1　当事者本人尋問（当事者尋問）とは、当事者（原告や被告）本人に口頭で質問し、当事者本人にその経験した事実を供述させて行われる証拠調べをいいます。裁判所は、当事者からの申立によりまたは職権で、当事者本人を尋問することができます。この場合、その当事者に宣誓をさせることもできます（民事訴訟法207条1項）。

　証人尋問と当事者本人尋問を行うときは、まず、証人尋問をしますが、適当と認めるときは、当事者の意見を聴いて、まず当事者尋問を行うこともできます（民事訴訟法207条2項）。裁判長は、必要があると認めるときは、当事者本人と、他の当事者本人または証人との対質（対面させて行う尋問）を命ずることができます（民事訴訟規則126条）。

2　当事者尋問の申し出方法や取り調べ手続は、証人尋問の規定が準用されますから、証人の場合と同様になります。本人訴訟の場合の当事者本人に対する尋問は、裁判長が行いますから、「尋問事項書」には裁判長が質問しやすいように一問一答式の簡潔な質問文を作成しておく必要があります。証人尋問の場合と同様に、質問文の形式で読み上げられるように、100項目程度の質問文を事前に作成しておく必要があります。

　自治体が被告となる場合（国や自治体を被告とする国家賠償法による損害賠償請求訴訟など）の自治体の代表者（知事、市町村長）の尋問は、証人尋問ではなく当事者尋問となります。ただ、実際には証人尋問の規定が準用されますから、証人の場合と同様の手続によります。

Q13 鑑定の申し出と取り調べ手続は、どのようにするのですか

1　鑑定とは、特別の学識経験のある第三者(鑑定人)にその専門知識や意見を報告させて、裁判官の判断能力を補充するために行われる証拠調べをいいます。証言や宣誓を拒むことができる者(職務上の秘密などについて証言を拒む医師や自分が刑事訴追を受ける事項について宣誓を拒む者など)と同一の地位にある者のような当事者と密接な関係のある者は、鑑定人となることはできません(民事訴訟法212条2項)。これらの者による鑑定は、公正を疑わせるおそれがあり、鑑定人は、学識経験さえあれば、他の者で代わりができるからです。

　鑑定の申し出をする当事者は、「鑑定申出書」を裁判所に提出するとともに準備書面の場合と同様に相手方にも直送します。鑑定人は裁判所で選任しますから、申し出に際して特定の者を指定する必要はありませんが、適任者と思う者を推薦してもかまいません。ただし、その者が裁判所で選任されるとは限りません。

2　鑑定申出書の記載例は右の通りです(A4サイズに横書き)。
　鑑定費用は、最終的には敗訴者が負担しますが、申し出時に鑑定を申し出た者が予納します。

　鑑定人について誠実に鑑定することを妨げるべき事情があるときは、当事者は、その鑑定人が鑑定事項について陳述をする前に忌避(職務執行から脱退させること)することができます。鑑定人の陳述後に忌避の原因が生じ、または当事者がその原因を知ったときも忌避することができます。忌避の申立を理由があるとする決定には不服申立はできませんが、理由がないとする決定には即時抗告ができます(民事訴訟法214条)。

　特別の学識経験により知り得た事実に関する尋問については、証人尋問に関する規定によります(民事訴訟法217条)。この場合を鑑定証人といいます。

平成○○年（ワ）第○○○号　損害賠償請求事件
原告　○○○○
被告　○○○○

鑑定申出書

平成○年○月○日

○○地方裁判所　御中

原告　○○○○（印）

頭書事件について、原告は、下記の通り鑑定の申し出をする。

記

1　証明すべき事実
　原告に対する被告の診療行為により原告の症状が悪化した事実
2　鑑定事項
(1)　平成○年○月○日に被告が行った本件○○手術は、適切であったのか否か。
(2)　本件手術後、入院中及び通院期間中における被告の原告に対する診療及び処置は、臨床医学的に適切であったのか否か。

（中　略）

3　鑑定人
　御庁において、しかるべき鑑定人を選任されたい。ただし、次の者は当事者と関係があるので避けられたい。
　　○県○市○町○丁目○番○号　　○○○○

以上

Q14 検証の申し出と取り調べ手続は、どのようにするのですか

1　検証とは、裁判官が自分の五感（視覚・聴覚・臭覚・味覚・触覚）の作用によって、直接に対象である検証物（物や場所）を検査して、その結果を証拠資料とする証拠調べをいいます。検証の対象となる物を検証物といいますが、たとえば、文書の紙質・筆跡・印影・作成年代、人間の身体・声などが検証物となります。検証費用は、最終的には敗訴者が負担しますが、申し出時に検証を申し出た者が予納します。

2　検証申出書の記載例は次の通りです（A4サイズに横書き）。

平成○○年（ワ）第○○○号　損害賠償請求事件
原告　○○○○
被告　○○○○

検証申出書

平成○年○月○日

○○地方裁判所　御中

原告　○○○○　（印）

頭書事件について、原告は、下記の通り検証の申し出をする。
記

1　証明すべき事実
　　被告が、原告所有の宅地を占有している事実
2　検証の目的物
　　本件宅地
3　検証によって明らかにしようとする事項
　　本件宅地の占有状況

以上

Q15 調査嘱託の申し出と取り調べ手続は、どのようにするのですか

1　調査嘱託とは、裁判所が、当事者の申立によりまたは職権で、必要な調査を官庁、公署、外国の官庁・公署、学校、商工会議所、取引所その他の団体に嘱託する特殊な証拠調べをいいます。たとえば、気象台に対し過去の特定日時・場所の気象状況の調査を嘱託したり、警察署に特定の交通事故の発生日時・場所の調査を嘱託するような場合です（民事訴訟法186条）。

調査嘱託の調査結果を証拠資料とするには、裁判所がこれを口頭弁論において当事者に提示して当事者に意見陳述の機会を与えれば足り、当事者の援用（自分の利益のために主張すること）を要しないと解されています。実務上は、調査結果の写しを通常の書証の提出手続で提出することもあります。

2　調査嘱託申立書の記載例は次の通りです（A4サイズに横書き）。申立書は裁判所に提出するとともに準備書面と同様にして相手方に直送します。

平成〇〇年（ワ）第〇〇〇号　損害賠償請求事件
原告　　〇〇〇〇
被告　　〇〇〇〇

調査嘱託申立書

　　　　　　　　　　　　　　　　　　　　　平成〇年〇月〇日

〇〇地方裁判所　御中

　　　　　　　　　　　　　　　　　　原告　　〇〇〇〇（印）

頭書事件について、原告は、下記の通り調査嘱託の申立をする。

記

1　証明すべき事実
　本件交通事故発生当時の事故現場における気象状況
2　嘱託先
　〒000-0000　〇県〇市〇町〇丁目〇番〇号
　　　　　　　〇〇地方気象台

3　嘱託事項
　○県○○地方における平成○年○月○日正午の天気、気温、降雨量、風向、風速

以上

Q16 証拠保全の申し出と取り調べ手続は、どのようにするのですか

1　証拠保全の手続として、裁判所が、あらかじめ証拠調べをしておかなければ、その証拠を使用することが困難となる事情があると認めるときは、各当事者の申立により証拠調べをすることができます（民事訴訟法234条）。例えば、証人となるべき者が重病である場合とか、近く外国に出国し帰国の予定のない場合、証拠の録音テープが消去されるおそれがある場合、カルテその他の文書が改ざんされるおそれがある場合、文書の保存期間が経過して廃棄されるおそれがある場合などに行われます。証拠保全の手続は、訴訟の係属中は裁判所の職権でも行うことができます（民事訴訟法237条）。

証拠保全の申立を却下する決定に対しては申立人は抗告により不服申立ができますが、証拠保全の申立を認める決定に対しては不服申立はできません（民事訴訟法238条）。

証拠保全手続を管轄する裁判所は、次のようになっています（民事訴訟法235条）。

①　訴えの提起前は、尋問を受けるべき者もしくは文書の所持者の居所または検証物の所在地を管轄する地方裁判所または簡易裁判所
②　訴えの提起後は、その証拠を使用すべき審級の裁判所
③　急迫の事情がある場合は、訴えの提起後でも、①の裁判所

2　証拠保全の申立書の「訴えの提起前の場合」の記載例は次の通りです（A4サイズに横書き）。

証拠保全申立書

平成〇年〇月〇日

〇〇地方裁判所　御中

　　　　　　　　　　　申立人　　〇〇〇〇　（印）

〒000-0000　〇県〇市〇町〇丁目〇番〇号

　　申立人　　〇〇〇〇

```
                    （電話　000-000-0000）
            〒000-0000　○県○市○町○丁目○番○号
                相手方　　　○○○○
```

第1　申立の趣旨
　1　相手方の住所に臨み、相手方が所持する平成○年○月○日開催の○○会議の内容を収録した録音テープについて検証する。
　2　相手方は、上記検証物を証拠調べの期日において提出せよ。
との決定を求める。

第2　申立の理由
　1　証明すべき事実
　　（内容省略）
　2　証拠保全の必要性
　　（内容省略）

疎明資料

1　疎甲第1号証　　（内容省略）
2　疎甲第2号証　　（内容省略）
3　疎甲第3号証　　（内容省略）

附属書類

1　疎甲号証の写し　　各1通　　　　　　　　　　　　　　　　　以上

　①　申立書は管轄の裁判所の民事受付係に正本と副本を各1通提出します。
　②　申立書には収入印紙と郵便切手が必要ですから、受付係に確認します。
　③　疎明とは、証明とまではいかないが、ある程度そうした事実がありそうだという心証を裁判官に得させることをいいます。そのような資料を添付します。
　④　文書の写しには、「疎甲第1号証」からの一連番号を横書き文書には右上隅へ、縦書き文書には左上隅に赤鉛筆で記入します。提出する文書は写し（コピー）とします。

Q17 当事者照会の手続は、どのようにするのですか

1　当事者は、訴訟の係属中に相手方に対して主張または立証を準備するために必要な事項について、相当の期間を定めて書面で回答するよう書面で照会することができます。ただし、次のいずれかに該当する照会をすることはできません（民事訴訟法163条）。

> ① 具体的または個別的でない照会
> ② 相手方を侮辱し、または困惑させる照会
> ③ 既にした照会と重複する照会
> ④ 意見を求める照会
> ⑤ 相手方が回答するために不相当な費用または時間を要する照会
> ⑥ 証言を拒絶することができる事項と同様の事項についての照会

　当事者照会の制度は、原告や被告が相手方に対して直接照会する制度ですから、原告や被告はこの制度により第三者に対して照会することはできません。

　照会を受けた相手方に回答義務があるとは規定されていませんが、当事者は信義に従い誠実に民事訴訟を追行(ついこう)しなければなりませんから（民事訴訟法2条）、当事者照会に対しては誠実に回答する訴訟法上の一般的義務があると考えられています。

2　「当事者照会書」に記載する事項と記載例は次の通りです（A4サイズに横書き）。

○○地方裁判所平成○○年（ワ）第○○○号　損害賠償請求事件
原告　　○○○○
被告　　○○○○
　　　　　　　　　　　　当事者照会書
　　　　　　　　　　　　　　　　　　　　　　平成○年○月○日

被告　○○○○　殿

〒000-0000○県○市○町○丁目○番○号
原告　　○○○○（印）
電話000-000-0000

原告は、被告に対し、民事訴訟法第163条の規定に基づき下記の通り当事者照会を行う。

記

1　照会事項

　平成○年○月○日発生の交通事故の際に被告が入院し手術をした医療機関の名称・所在場所、担当の医師名

2　照会の必要性

　被告の主張する傷害の程度等について調査し、原告の主張及び立証を準備するために必要である

3　回答期限

　平成○年○月○日まで

以上

(1)　当事者照会書には、①当事者・代理人の氏名、②事件の表示、③訴訟の係属する裁判所名、④照会年月日、⑤照会する事項と照会の必要性、⑥民事訴訟法第163条の規定により照会をする旨、⑦回答すべき期間、⑧照会をする者の住所・郵便番号・FAX番号を記載して記名押印することとされています（民事訴訟規則84条）。

(2)　相手方に弁護士が付いている場合は、その弁護士あてに照会します。

Q18 判決の言渡しは、どのようになされますか

1　判決とは、口頭弁論にもとづいて裁判所（裁判官により構成される機関）が行う裁判をいいます。裁判の種類には、①判決のほかに、②口頭弁論を経ずに裁判所が行う決定、③口頭弁論を経ずに裁判官が行う命令があります。

　裁判所は、訴訟が裁判をするのに熟したときは、終局判決（その審級の審理を完結させる判決）をします。「熟した」とは、裁判官が終局判決ができると判断した状態をいいます。裁判所は、訴訟の一部が裁判をするのに熟したときは、その一部について終局判決をすることもできます（民事訴訟法243条）。

2　判決の種類は、次のように分類することができます。
　(1)　その審級の審理を完結させる判決を終局判決といい、審理中に終局判決の準備をする判決を中間判決といいます。
　(2)　終局判決には、①訴訟要件を欠く場合に訴えを不適法として却下する訴訟判決と、②訴えによる請求に理由があるか否かを裁判する本案判決があります。

> ①　訴訟判決（門前払いの判決で、訴訟要件が欠けている場合に訴えを不適法として却下する判決）
> ②　本案判決（請求自体の当否について判断した判決）
> 　ア　請求認容判決（原告の請求を理由があるとする判決）
> 　イ　請求棄却判決（原告の請求を理由がないとする判決）
> 　ウ　事情判決（行政事件訴訟法により請求に理由がある場合でも、公益上、請求棄却とする判決）

　(3)　終局判決は、事件を解決する範囲によって①全部判決、②一部判決、③追加判決に分けられます。

3　判決は、言渡しによってその効力を生じます（民事訴訟法250条）。判決の言渡しは、事件が複雑である場合その他特別の事情がある場合を除き、口頭弁

論の終結の日から2か月以内にする必要があります。判決の言渡しは、当事者を言渡し期日に呼び出して行いますが、当事者が在廷しない場合でも言渡しをすることができます（民事訴訟法251条）。

　判決の言渡しは、言渡し期日に公開の法廷で裁判長が判決書の原本に基づいて主文を朗読して行います。裁判長は、相当と認めるときは、判決の理由を朗読または口頭でその要領（要点）を告げることもできます（民事訴訟法252条、民事訴訟規則155条）。実務上は、ほとんど主文を朗読するだけです。判決書には、①主文（訴状の「請求の趣旨」に対する応答部分）、②事実（双方の主張を口頭弁論終結時を基準として要約した部分）、③理由（主文の判断に至った理由）、④口頭弁論の終結日、⑤当事者等の表示、⑥裁判所の表示を記載する必要があります。特に事実の記載においては、請求を明らかにし、かつ、主文が正当であることを示すのに必要な主張を摘示する必要があります（民事訴訟法253条）。

Q19
上訴とは、どういうことですか

1　上訴とは、裁判の確定前に、上級の裁判所に対し、その裁判（原裁判）の取消または変更を求める不服申立をいいます。判決に対する上訴のうち第二審を控訴といい、第三審を上告といいます。裁判の中の決定（口頭弁論を経ずにできる裁判所の裁判）と命令（口頭弁論を経ずにできる裁判官の裁判）に対する上訴を抗告といいます。

　日本の裁判制度は裁判所を3つの審級に分けて、原則として2回まで不服申立ができる三審制を採っています。しかし、2回とも同じ審理方法で行うのではなく、二審では原審（一審）と同様に原裁判を事実の面と法律の面から審理をする事実審としていますが、三審では専ら法令解釈の面から審理をする法律審として特色を持たせています。

2　上訴の種類には、①控訴（第二審）、②上告（第三審）、③抗告があります。
(1)　控訴（第二審）とは、第一審の終局判決（その審級の審理を完結させる判決）に対して、事実審（事実問題と法律問題の両方を審理する審級）としての上級審への不服申立をいいます。控訴審は、第一審が地方裁判所の場合は高等裁判所となります。この場合の申立人を控訴人といい、その相手方を被控訴人といいます。
(2)　上告（第三審）とは、控訴審（第二審）の終局判決に対する法律審（法律問題だけを審理する審級）としての上級審への不服申立をいいます。上告審は、第二審が高等裁判所の場合は最高裁判所となります。この場合の申立人を上告人といい、その相手方を被上告人といいます。最高裁判所への上告は、二審判決に憲法の解釈に誤りがあること、その他憲法違反がある場合などに限定されていますから、実際には、二審までしかないと考えておくのが無難です。
(3)　抗告とは、「決定」や「命令」の裁判に対する独立の上訴方法をいいます。例えば、裁判官への忌避申立の却下決定に対する即時抗告があります（民事訴訟法25条3項）。抗告は、すべての決定や命令に対してできるのではなく、不服申立の禁じられているものや抗告以外の不服申立方法のある裁判に

対してはできません。例えば、管轄裁判所の指定の決定や仮差押決定に対しては抗告はできません。抗告の場合の申立人を抗告人または申立人といい、その相手方を相手方といいます。

抗告には、①通常抗告（法律が即時抗告と明示していない場合）と②即時抗告（明文規定のある場合に限り1週間以内にする不服申立）とがあります。通常抗告を提起しても原裁判の執行停止の効力はありませんが、即時抗告は原裁判の執行停止の効力が認められています。通常抗告は、裁判の取消を求める利益のある限り、いつでも提起できますが、即時抗告は、裁判の告知を受けた日から1週間以内に提起する必要があります。

地方裁判所や簡易裁判所の決定や命令で不服申立のできないものと、高等裁判所の決定や命令に対しては、その裁判に憲法の解釈の誤りがあることその他憲法違反があることを理由とするときは、最高裁判所へ特別抗告をすることができます（民事訴訟法336条）。また、高等裁判所の決定や命令に最高裁判所の判例違反がある場合などには、高等裁判所が許可したときは、最高裁判所へ抗告（許可抗告）ができます（民事訴訟法337条）。

上訴の種類　　①控訴（第二審）、②上告（第三審）、③抗告

① 控訴　　第一審判決に対する上訴（第一審が地方裁判所の場合は高等裁判所、第一審が簡易裁判所の場合は地方裁判所へ控訴をします）

② 上告　　第二審判決に対する上訴（第二審が高等裁判所の場合は最高裁判所、第二審が地方裁判所の場合は高等裁判所へ上告をします）

③ 抗告　　判決以外の裁判（決定と命令）に対する不服申立（抗告には、通常抗告と即時抗告があります）

Q20 控訴審の手続は、どのようにするのですか

1　控訴の提起は、控訴人が第一審の判決書正本の送達を受けた日から2週間以内に第一審裁判所（原裁判所）に控訴状を提出します（民事訴訟法285条）。控訴審の訴訟手続は、特別の規定のある場合を除き、第一審の訴訟手続の規定が準用されます（民事訴訟法297条）。控訴の提起から口頭弁論の開始までの手続の流れは、次のようになります。

(1) 第一審裁判所への控訴状の提出（原判決の正本の送達から2週間以内）
(2) 第一審裁判所による控訴状の適法性の審査（補正不能の場合は却下）
(3) 第一審裁判所の書記官から第二審裁判所の書記官に訴訟記録を送付
(4) 控訴裁判所の裁判長による控訴状の審査
(5) 控訴状を被控訴人へ送達
(6) 控訴人の控訴理由書の提出（控訴提起後50日以内に）
(7) 被控訴人の答弁書（反論の準備書面）の提出
(8) 口頭弁論の開始

　控訴審手続の仕組みは、控訴審において第一審の口頭弁論の結果の陳述を義務づけることにより（民事訴訟法296条2項）、最初からやり直すのではなく、第一審の審理を基礎として続行することとしています。これを続審制（ぞくしんせい）といいます。控訴審の口頭弁論は、当事者が第一審判決の変更を求める限度（控訴人の不服申立の限度）においてのみ、なされます（民事訴訟法296条1項）。

2　控訴状の記載例は次の通りです（A4サイズに横書き）。

控　訴　状

　　　　　　　　　　　　　　　　　　　　　平成○年○月○日
○○高等裁判所　御中

　　　　　　　　　　　　　　　　　控訴人　○○○○　（印）

　　〒000-0000　○県○市○町○丁目○番○号（送達場所）

　　　　　　　　控訴人（一審原告）　　○○○○
　　　　　　　　（電話000-000-0000）

　　　　　〒000-0000　○県○市○町○丁目○番○号
　　　　　　　　被控訴人（一審被告）　　○○○○

損害賠償請求控訴事件
　　訴訟物の価額　　金○○○万○千円
　　貼用印紙額　　　金○万○千円

上記当事者間の○○地方裁判所平成○○年（ワ）第○○○号損害賠償請求事件について平成○年○月○日に言い渡された下記判決は全部不服であるから控訴を提起する。

　　　　　　　　　　　　　記

第1　原判決の表示
　1　原告の請求を棄却する。
　2　訴訟費用は原告の負担とする。

第2　控訴の趣旨
　1　原判決を取り消す。
　2　被控訴人は、控訴人に対し、金○○○万○千円及びこれに対する平成○年○月○日から支払済みまで年5分の割合による金員を支払え。
　3　訴訟費用は、第一審、第二審とも被控訴人の負担とする。
　4　仮執行宣言

第3　控訴の理由
　追って、控訴理由書を提出する。

　　　　　　　　　　　　　　　　　　　　　　　　　　以上

　①　貼用印紙額は、第一審の訴状の1.5倍となります。
　②　提出する郵便切手の種類と枚数は、控訴状受付係で確認します。
　③　控訴状に控訴の理由を記載しない場合は、控訴提起後50日以内に控訴

理由書を提出します。書き方は決まっていませんから、準備書面と同様にして作成します。控訴状が第一審裁判所にある場合は第一審裁判所へ提出しますが、その後は第二審裁判所へ提出しますから、いずれかの裁判所の書記官に確認します。

④　控訴状は判決書正本が送達された日から2週間以内に第一審裁判所へ提出します。提出通数は、裁判所用1通と被控訴人の数を提出します。

Q21 上告審の手続は、どのようにするのですか

1　上告の提起は、第一審が地方裁判所の場合（訴訟物の価額が140万円を超える訴訟や不動産に関する訴訟）では第二審（控訴審）が高等裁判所となりますから、高等裁判所の終局判決に対して最高裁判所に上告ができます。第一審が簡易裁判所の場合には、第二審（控訴審）が地方裁判所となり、第三審は高等裁判所となります（民事訴訟法311条1項）。

　上告の提起は、原判決（第二審判決）の判決書正本の送達後2週間以内に上告状を原裁判所（第二審の裁判所）に提出します。上告審の手続は、法律に特別の規定のある場合を除き控訴の規定が準用されます（民事訴訟法313条）。上告状に上告理由の記載がない場合には、上告人は、裁判所からの「上告提起通知書」の送達を受けた日から50日以内に「上告理由書」を提出する必要があります（民事訴訟規則194条）。

　上告理由がない場合でも、原判決（第二審判決）に最高裁判所判例の違反その他の法令の解釈に関する重要な事項が含まれている場合には、上告審として事件を受理するように「上告受理申立書」により申立をすることができます（民事訴訟法318条1項）。

2　上告の理由には、次のように大別して、①憲法違反（一般的上告理由）と②重大な手続法違反（絶対的上告理由）とがあります（民事訴訟法312条1項・2項）。

①　原判決に憲法の解釈の誤りがあることその他憲法の違反があること
　（憲法違反＝一般的上告理由）
②　法律に従って判決裁判所を構成しなかったこと
③　法律により判決に関与することができない裁判官が判決に関与したこと
④　専属管轄に関する規定に違反したこと
⑤　法定代理権、訴訟代理権または代理人が訴訟行為をするのに必要な授権を欠いたこと

⑥　口頭弁論の公開の規定に違反したこと
⑦　判決に理由を付せず、または理由に食い違いがあること
　　（②から⑦までは絶対的上告理由）

　実際に上告理由としてよく主張されるのは、①と⑦の場合です
　高等裁判所への上告は、判決に影響を及ぼすことが明らかな法令違反があることを理由とするときもすることができます（民事訴訟法312条3項）。
　上告の提起とは別に、「上告受理の申立」として、上告裁判所が最高裁判所の場合には、原判決に最高裁判所の判例と相反する判断がある事件その他法令の解釈に関する重要な事項を含むと認められる事件については、申立により、決定で、最高裁判所の上告審として事件を受理することができます（民事訴訟法318条）。

3　上告の提起と上告受理の申立とを次のように1通の書面ですることができます。この場合の書面には、上告状と上告受理申立書を兼ねるものであることを明らかにする必要があります（民事訴訟規則188条）。上告状と上告受理申立書の両方を別々に作成してもかまいませんが、その場合の手数料（貼用印紙額）は、一つの判決に対して上告の提起と上告受理申立をする場合は、その主張する利益が共通であるときは、その限度において、その一方について納めた手数料は、他の一方についても納めたものとみなされます（民事訴訟費用等に関する法律3条3項）。
　上告状と上告受理申立書を兼ねる書面の書式は決まっていませんが、次の記載例のように作成します（A4サイズに横書き）。

上告状兼上告受理申立書

　　　　　　　　　　　　　　　　　　　　　平成○年○月○日

最高裁判所　御中

　　　　　　　　　　　上告人兼上告受理申立人　　○○○○　（印）

　　　　　　　　〒000-0000　○県○市○町○丁目○番○号（送達場所）
　　　　　　　　　上告人兼上告受理申立人　　○○○○
　　　　　　　　　　　（電話000-000-0000）

〒000-0000　○県○市○町○丁目○番○号
　　　　　　被上告人兼相手方　　　○○○○

損害賠償請求上告事件兼上告受理申立事件
　訴訟物の価額　　金○○○万○千円
　貼用印紙額　　　　○○万○千円

上記当事者間の○○高等裁判所平成○年（ネ）第○○○号損害賠償請求控訴事件について平成○年○月○日に言い渡された下記判決は、全部不服であるから、上告提起及び上告受理申立をする。
　　　　　　　　　　　　　記
第1　原判決（第二審判決）の表示
　1　本件控訴を棄却する。
　2　控訴費用は控訴人の負担とする。

第2　上告の趣旨
　1　原判決を取り消す。
　2　被上告人は、上告人に対し、金○○○万○千円及び平成○年○月○日から支払済みまで年5分の割合による金員を支払え。
　3　上告費用及び上告受理申立費用は、被上告人兼相手方の負担とする。

第3　上告の理由及び上告受理申立の理由
　追って、各理由書を提出する。
　　　　　　　　　　　　　　　　　　　　　　　　　　　以上

①　上告期間は、控訴の場合と同様に原判決の送達後2週間以内とされています。
②　提出先は原裁判所（第二審裁判所）で、提出通数は正本（裁判所用）1通と相手方数の副本（正本と同じもの）を提出します。ただ、上告理由や上告受理申立理由を記載している場合には、相手方数に6を加えた数（相手方1人の場合は7通）の副本を提出します。

③　手数料の収入印紙は訴状の印紙額の２倍となります。郵便切手の種類と枚数は原裁判所の受付係で確認します。

④　上告理由書や上告受理申立理由書は、裁判所から上告提起通知書や上告受理申立通知書を受け取った日から50日以内に提出します。提出通数は②と同じで裁判所用の正本1通と相手方数に6を加えた数の副本を提出します。

　上告理由書や上告受理申立理由書の書き方は決まっていませんが、準備書面と同様の要領で作成します。各理由書は、それぞれの根拠が異なりますから、別々に作成します。「上告状兼上告受理申立書」に理由を記載する場合でも、別々の項目にして、別々の理由を記載します。

　各理由書を期限内に提出しなかったり、各理由の記載が間違っている場合は却下されますから、注意が必要です。

Q22
抗告の手続は、どのようにするのですか

1　抗告とは、裁判の種類のうち判決以外の決定や命令に対する不服申立（上訴）方法をいいます。決定とは、口頭弁論を経ない裁判所の裁判（例えば、管轄裁判所の指定の決定）をいい、命令とは、口頭弁論を経ない裁判官の裁判（例えば、裁判長の発言の禁止の命令）をいいます。

　抗告の対象（抗告をすることができる裁判）は、次の通りです（民事訴訟法328条・21条・25条5項ほか）。

① 口頭弁論を経ないで訴訟手続に関する申立を却下した決定や命令
② 決定や命令により裁判することができない事項についてなされた決定や命令
③ 法律が特に抗告によるべきことを定めている決定や命令

2　抗告の種類として、次のように区別することができます。
　(1)　抗告には、①通常抗告（普通抗告）と②即時抗告とがあります。

(1)　通常抗告（普通抗告）とは、原裁判の取消を求める利益がある限り、いつでも提起することができる抗告をいいます。
(2)　即時抗告とは、裁判の告知を受けた日から1週間以内に提起することが必要な抗告をいいます。抗告は、即時抗告に限り、原裁判の執行停止の効力を有します（民事訴訟法334条1項）。

　(2)　抗告は、①最初の抗告と②再抗告に分けることができます。

(1)　最初の抗告とは、決定や命令に対する抗告をいいます。
(2)　再抗告とは、抗告審の決定に憲法の解釈の誤りがあることその他憲法の違反があることまたは決定に影響を及ぼすことが明らかな法令の違反があることを理由とするときに限り、更にすることができる抗告をいいます。

3　抗告には、最高裁判所に対する①特別抗告と②許可抗告の制度があります。
(1)　特別抗告の対象（憲法違反を理由とするもの）は次の通りです（民事訴訟法336条1項）。

> ①　地方裁判所や簡易裁判所の決定や命令で不服申立ができないもの
> ②　高等裁判所の決定や命令

(2)　許可抗告の対象（最高裁判所の判例に反する判断その他法令の解釈に関する重要な事項を含むもの）は次の通りです（民事訴訟法337条1項・2項）。

> 高等裁判所の決定や命令で、次のいずれにも該当しないもの
> ①　再抗告についての裁判
> ②　抗告許可を求める申立に対する裁判
> ③　その裁判が地方裁判所の裁判であるとした場合に抗告できないもの

4　抗告の手続は控訴審に準じますから、抗告の提起は「抗告状」を原裁判所に提出します（民事訴訟法331条）。

抗告状には原裁判の取消または変更を求める事由（抗告の理由）の具体的な記載が必要ですが、その記載のない場合は、抗告人は、抗告の提起後14日以内にその理由を記載した書面（抗告理由書）を原裁判所に提出する必要があります（民事訴訟規則207条）。

原裁判をした裁判所または裁判長は、抗告を理由があると認めるときは、その裁判を更正（誤りを正すこと）しなければなりません（民事訴訟法333条）。

抗告裁判所は、抗告について口頭弁論をしない場合には、抗告人その他の利害関係人を審尋（陳述の機会を与えること）することができます（民事訴訟法335条）。

5　「抗告状」の書式は決まっていませんが、控訴状と同様に次の記載例のように作成します（A4サイズに横書き）。

抗告状

平成〇年〇月〇日

〇〇高等裁判所　御中

　　　　　　　　　　　　　　　　　　抗告人　　〇〇〇〇　（印）
　　　　〒000-0000　〇県〇市〇町〇丁目〇番〇号（送達場所）
　　　　　　抗告人（原告）　　〇〇〇〇
　　　　　　（電話000-000-0000）
　　　　〒000-0000　〇県〇市〇町〇丁目〇番〇号
　　　　　　相手方（被告）　　〇〇〇〇

上記当事者間の〇〇地方裁判所平成〇年（モ）第〇〇号文書提出命令申立事件（平成〇年（ワ）第〇〇号損害賠償請求事件）について、同裁判所が平成〇年〇月〇日になした後記決定は不服であるから即時抗告を申し立てる。

記

第1　原決定の表示
　本件文書提出命令の申立を却下する。
第2　抗告の趣旨
　1　原決定を取り消す。
　2　相手方は、本決定送達の日から14日以内に別紙目録記載の文書を提出せよ。
との裁判を求める。
第3　抗告の理由
　　　（内容省略）（原決定の不当性を述べる）
　以上　　　　　　　　　　　　　　　　　（注：別紙目録は省略した）

①　原裁判所に正本（裁判所用）1通を提出します。ただし、抗告裁判所（原裁判所の上級裁判所）から口頭弁論を開く旨の通知があった場合は、相手方の数の副本（正本と同じもの）を提出します。

②　抗告状の提出に際しては収入印紙や郵便切手が必要ですから、原裁判所の受付係に事前に確認しておきます。

③　即時抗告の場合は、裁判の告知があった日から1週間以内に提出する必要があります。

第2章●
家庭裁判所の家事事件の手続は、どのようにするのですか

Q23 家事調停・家事審判の手続は、どんな場合に利用できるのですか

1 「訴えてやる！」といっても、家庭裁判所でしか審理のできない事件があります。家庭内の問題、例えば、親の扶養、離婚、財産分与、遺産分割、遺言のような家庭内の事件を一般に家事事件といいますが、家事事件の審理は、通常の民事訴訟とは、その仕組みが大きく異なっています。この仕組みを知らないと家事事件で泣くことになります。

民事訴訟（訴訟事件）は民事訴訟法の手続によって進められますが、家事事件は家事審判法の手続によって進められます。家事事件の手続には、家事調停と家事審判とがあります。家事事件は、訴訟事件（民事訴訟）とは異なり「非訟事件」といわれますが、非訟事件とは、訴訟事件でない民事事件をいいます。非訟事件の審理は非訟事件手続法によって進められますが、家事審判法も非訟事件手続法の規定を準用しています。

非訟事件手続と民事訴訟手続とを比べると、次のような大きな違いがあります。

民事訴訟手続	非訟事件手続
1 事実の主張や証拠の収集を当事者の責任とする次の弁論主義を採っている。 ①裁判所は、当事者の主張しない事実を判決の基礎としてはならない。 ②裁判所は、当事者間に争いがない事実は、そのまま判決の基礎としなければならない。 ③裁判所は、当事者間に争いがある事実を認定するには、当事者の申し出た証拠によらなければならない	1 職権主義（職権探知主義）を採っている。 ①裁判所は、職権で、事実の調査ができる。家庭裁判所調査官が家事審判官（裁判官）の命令により事実を調査し家事審判官へ報告書を提出しそれが証拠となる。 ②事実と証拠の収集を当事者の意思に委ねず、裁判所の職権で行う。証拠の収集を裁判所の権限と責任で行う。

（職権証拠調べの禁止）。	
2　裁判所は、当事者の申し立てない事項について判断できないとする処分権主義を採っている。①訴訟の開始、②審判の対象や範囲、③訴訟の終了について自由に処分できる。	2　処分権主義（当事者の申立てない事項について判断できないとする主義）を部分的に排除している。
3　裁判所の審理や裁判を国民が傍聴できる公開主義を採っている。憲法82条は「裁判の対審および判決は、公開法廷でこれを行う」と規定している。	3　国民の傍聴を許さない非公開主義を採っている。非訟事件の裁判は、憲法の規定する「裁判」に該当しないとされる。
4　二当事者対立主義を採っている。原告と被告が攻撃・防御をつくして裁判所が中立的立場で判断する構造を採っている。	4　二当事者対立を前提としない。
5　口頭で陳述されたものだけが裁判資料として判決の基礎となる口頭主義を採っている。	5　原則として書面主義を採っている。
6　民事訴訟は訴えの提起により開始される。	6　裁判所の職権により開始される場合がある。
7　当事者は法廷で口頭で陳述する必要がある（必要的口頭弁論）。	7　非公開で審問を行うに過ぎない。
8　書記官は期日ごとの調書を必ず作成する。	8　裁判官が必要と認めた場合にのみ書記官が調書を作成する。
9　民事訴訟法に規定する手続に従った厳格な証明を必要とする。	9　法定の証拠調べ手続によらない自由な証明でもよい。
10　裁判は、判決による。	10　裁判は、決定や審判による。
11　判決をした裁判所も判決に拘束される判決の自己拘束力がある。	11　裁判所は、事情変更により取消または変更もできる。
12　不服申立は、控訴（二審）、上告（三審）の三審制を採っている。	12　不服申立は、抗告または即時抗告とされている。

| 13　民事事件記録を自由に閲覧し謄写もできる。 | 13　家事事件記録は裁判官の許可がなければ閲覧もできない。不許可でも不服申立の手段もない。 |

2　家事調停とは、家庭裁判所が行う離婚、離縁、扶養、財産分与、遺産の分割などの家庭内のトラブルについての家事審判法に基づく調停をいいます。調停とは、話し合いで紛争の解決を図る手続をいいますが、調停が成立しない場合は、審判で処理できない事件を除き審判手続に移行します。離婚や離縁のような身分に関する事件は地方裁判所に訴えを提起することができますが、訴えの提起の前に、まず家庭裁判所に調停の申立をする必要があります。このことを調停前置主義（ちょうていぜんちしゅぎ）といいます。

家事審判とは、家事調停の事件のほか、相続の放棄や限定承認、失踪宣告（しっそうせんこく）、後見開始・保佐（ほさ）開始・補助開始（精神上の障害の程度により、後見・保佐・補助のいずれかの審判により保護者をつける制度）、子の氏の変更などについての家事審判法に基づく審判をいいます。

家庭裁判所の審理では、家事事件の関係人は、通常の民事訴訟の場合とは異なり、当事者本人自身が出頭する必要があります。家事事件では、直接本人からその意思を確認する必要があることから「本人出頭主義」を採っているのです。ただ、やむを得ない事由がある場合は、代理人（原則は弁護士）または補佐人とともに出頭することができます。

3　家事審判法で定める家庭に関する事件は、下表のように①甲類の審判事項と②乙類の審判事項に分けられています（家事審判法9条）。

①　甲類の審判事項は、公益的性質の強い事件で、当事者の合意による任意の処分は許されず、調停手続では処理できないもので審判手続によってのみ処理されるものです。

②　乙類の審判事項は、当事者が審判または調停のいずれの手続によるかを選択することができるものです。乙類の事件が審判手続に係属する場合は、家庭裁判所は、職権で、いつでも事件を調停手続に回付することができます（家事審判法11条）。また、乙類の事件の調停申立をした場合、その調停が不成立となったときは、調停申立の時に審判申立があったものとみなされ、審判手続に移行して審判手続が開始されます。

(1) 甲類の審判事項（審判だけで処理される家事事件）の主な例として、次のようなものがあります（家事審判法9条1項）。

① 後見の開始、保佐の開始、補助の開始
② 失踪宣告、失踪宣告の取消
③ 子の氏の変更の許可
④ 未成年者の養子縁組の許可
⑤ 成年後見人・成年後見監督人・保佐人・補助人などの選任
⑥ 特別養子縁組の成立やその離縁
⑦ 親権者と子の利益相反行為の特別代理人の選任
⑧ 相続の放棄の申述、相続の限定承認の申述
⑨ 親権喪失宣告、親権喪失宣告の取消
⑩ 遺言執行者の選任や解任、遺言執行者の辞任の許可
⑪ 氏の変更の許可、名の変更の許可

(2) 乙類の審判事項（審判でも調停でも処理できる家事事件）の主な例として、次のようなものがあります（家事審判法9条1項）。

① 夫婦の同居その他の夫婦間の協力扶助に関する処分
② 子の監護に関する処分
③ 協議離婚後の財産分与
④ 親権者の指定や変更
⑤ 扶養の請求、扶養義務者の指定、扶養順位の確定、扶養料増額
⑥ 寄与分（遺産の増加や維持に特別の寄与をした人のとり分）を定める処分
⑦ 遺産の分割、遺産分割の禁止
⑧ 推定相続人の廃除や廃除の取消
⑨ 祭祀財産（墓、位牌など）の承継者の指定
⑩ 婚姻から生ずる費用の負担に関する処分

(3) その他の家庭に関する事件（一般調停事件）として、次表のような(a)人事訴訟事項や(b)民事訴訟事項も、家事調停を申し立てることができます。調

停が成立しないときは、人事訴訟法や民事訴訟法の手続によって審理されます。

(a) 人事訴訟事項（人事訴訟法に規定する事件）の主な例

> ① 婚姻の無効、婚姻の取消　　　　　（人事訴訟法2条1号）
> ② 離婚、協議上の離婚の無効や取消　（人事訴訟法2条1号）
> ③ 嫡出子の否認、認知、認知の無効　（人事訴訟法2条2号）
> ④ 実親子関係の存否の確認　　　　　（人事訴訟法2条2号）
> ⑤ 養子縁組の無効や取消　　　　　　（人事訴訟法2条3号）

(b) 民事訴訟事項（その他の一般に家庭に関する事件）の主な例

> ① 遺言の無効確認
> ② 親族間の賃貸借に関する請求
> ③ 親族間の金銭貸借に関する請求
> ④ 婚約不履行による慰謝料請求、内縁解消による慰謝料請求
> ⑤ 離婚後の慰謝料請求、離縁後の慰謝料請求

いずれの場合も、どれに該当するのか分からない場合は、近くの家庭裁判所の「家事事件相談係」で確認します。家庭裁判所は「少年事件」も扱いますから電話交換手には、「家事事件の相談」と伝えます。

Q24 家事調停・家事審判の仕組みは、どのようになっているのですか

1 家事事件は、家庭裁判所において、裁判官である「家事審判官」が取り扱います。

(1) 家事審判は、特別の定めのある場合を除いては、家事審判官が、参与員(民間から選ばれた非常勤の者)を立ち会わせ、またはその意見を聴いて行うこととされています。ただし、家事審判官だけで審判を行うこともできるとされています(家事審判法3条1項)。

参与員は、徳望良識のある者の中から、毎年、家庭裁判所が選任することとされています。実務では、参与員を関与させる場合は、ほとんどありません。

審判の対象となる事項には①甲類と②乙類がありますが、甲類の事件は必ず審判による必要があります。乙類の事件は審判によっても調停によっても処理できる性質のものですから、乙類の事件について審判手続と調停手続のいずれの方法を選ぶかは申立人の自由です。乙類の事件が審判手続に係属しているときは、家庭裁判所は職権で、いつでも調停手続に回すことができます(家事審判法11条)。

(2) 家事調停は、家事審判官1人と家事調停委員2人以上(民間人で、通常は男女各1人)をもって組織する調停委員会が行います。ただし、家事審判官だけで調停を行うこともできますが、家庭裁判所は、当事者の申立があるときは、調停委員会で調停を行う必要があります(家事審判法3条2項・3項)。

乙類の事件は、調停が不成立となった場合は、調停の申立の時に審判の申立があったものとみなされ、審判手続に移行し審判手続が開始されます(家事審判法26条)。

2 家事調停や家事審判の申立をする場合は、家庭裁判所の申立書受付係に備え付けている①家事事件の内容に応じた申立書用紙か、②そのような用紙のない場合は一般用の「家事審判・調停申立書」用紙(審判・調停の該当する方を○印で囲む)に必要事項を記入して家庭裁判所に提出します。どの申立用紙でも

無料で交付を受けられます。

　一般用の「家事審判・調停申立書」用紙を使用する場合は、家庭裁判所の窓口に備え付けている申立書用紙を使用しなくても、申立書に記載すべき事項さえ記載されておれば、ワープロやパソコンで作成してもかまいません。その場合は第１章のＱ２の訴状の作り方と同様にＡ４サイズの用紙に横書き・片面印刷とします。ただし、１頁目の上部には裁判所の処理欄として７センチ程度の余白をとります。

　申立の費用として、１件につき次の手数料額の収入印紙が必要です。

> ①　甲類の審判の申立は、800円分の収入印紙
> ②　乙類の審判の申立は、1200円分の収入印紙
> ③　調停の申立は、1200円分の収入印紙

　申立の費用としては収入印紙のほかに郵便切手が必要ですが、郵便切手は、事件の内容や相手方の数によって異なりますから、事前に家庭裁判所の申立書受付係で種類と枚数を確認しておきます。

　甲類の審判事項は、必ず審判手続による必要がありますが、乙類の審判事項は、申立人が審判手続か調停手続のいずれの手続によるかを選択することができます。乙類の事件が審判手続に係属するときは、家庭裁判所は、職権で、いつでも調停手続に回付することができ、調停手続に回付された事件は、新たに調停の申立があった場合と同様に扱われて、調停が成立した場合には審判事件も当然に終了します。

　乙類の審判事項について調停の申立をした場合に、その調停が不成立となったときは、調停申立の時点に審判の申立があったものとみなされ、審判手続に移行して審判の手続が開始されます。

　家事調停の申立のできる家庭に関する事件（乙類事件以外の離婚事件・離縁事件など）について訴えを提起しようとする者は、まず家庭裁判所に家事調停の申立をしなければならないとされています。これを「調停前置主義」といいます（家事審判法18条1項）。調停を行うことができる事件について調停の申立をすることなく訴えを提起した場合は、裁判所は、その事件を家庭裁判所の調停に付することが適当でないと認める場合を除き、家庭裁判所の調停に付する必要があります（家事審判法18条2項）。

3　家庭裁判所は、相当と認める場合には「調停に代わる審判」をすることができます。家庭裁判所は、調停委員会の調停が成立しない場合において相当と認めるときは、調停委員会を組織する家事調停委員の意見を聴き、当事者双方のため衡平に考慮し、一切の事情を見て、職権で、当事者双方の申立の趣旨に反しない限度で、事件の解決のため離婚、離縁その他必要な審判をすることができます。この審判においては、金銭の支払いその他財産上の給付を命ずることもできます。ただし、乙類の審判事件の調停には適用されません（家事審判法24条）。

「調停に代わる審判」に不服のある場合は、審判の告知を受けて2週間以内に家庭裁判所に異議の申立をすることができ、異議の申立があった場合は、その審判の効力は失われます。異議の申立のない場合は、その審判は、確定判決と同一の効力を有します（家事審判法25条）。

4　家庭裁判所は、相当と認める場合には「合意に相当する審判」をすることができます（家事審判法23条）。婚姻または養子縁組の無効または取消に関する事件の調停委員会の調停において、当事者間に合意が成立し無効または取消の原因の有無について争いがない場合には、家庭裁判所は、必要な事実を調査をした上、その調停委員会の家事調停委員の意見を聴き、正当と認めるときは、婚姻または養子縁組の無効または取消に関し「合意に相当する審判」をすることができます。ただし、2週間以内に異議の申立があった場合は、審判の効力は失われます。異議の申立のない場合は、その審判は確定判決と同一の効力を有します（家事審判法25条）。

5　家事審判法では非訟事件手続法の規定によって当初の判断の取消や変更を求めることができるとされています（家事審判法7条）。家事審判では、非訟事件手続法19条1項の「裁判所は、裁判をなしたる後、その裁判を不当と認むるときは、これを取消しまたは変更することを得」の規定により審判の取消や変更をすることができますが、これとは別に、次のような事情変更を理由として、審判の取消や変更が認められている場合があります。

(1)　民法880条では「扶養をすべき者もしくは扶養を受けるべき者の順序または扶養の程度もしくは方法について協議または審判があった後、<u>事情に変</u>

更を生じたときは（例えば、会社社長で高収入のあった長男が両親を扶養していたが、会社の倒産で扶養できなくなった場合）、家庭裁判所は、その協議または審判の変更または取消をすることができる」としています。

(2)　民法877条3項では、扶養義務を負わせる審判について「前項の規定による審判があった後、<u>事情に変更を生じたときは</u>、家庭裁判所は、その審判を取り消すことができる」としています。

(3)　民法819条6項（親権者の変更）、民法766条2項（子の監護者の変更）、民法10条（後見開始の審判の取消）、民法13条（保佐開始の審判の取消）、民法17条（補助開始の審判の取消）、民法32条（失踪宣告の取消）にも同様の規定があります。

Q25
家事調停・家事審判の申立は、どのようにするのですか

1　家事調停や家事審判の申立は、申立人が、家庭裁判所の受付窓口に備え付けられている①一般用の「家事審判・調停申立書」用紙または②事件の内容に応じた申立書用紙に必要事項を記入して管轄の家庭裁判所に提出します。一般用の申立書用紙は、事件の内容に応じた申立書用紙が作られていない場合に使用します。

　家庭裁判所の管轄は、例えば、扶養請求の場合なら、①調停の申立は、相手方の住所地の家庭裁判所または当事者が合意で定める家庭裁判所、②審判の申立は、相手方の住所地の家庭裁判所のように決まっていますから、事前に家庭裁判所の書記官に確認しておきます。相手方が複数いる場合は、その中の一人の住所地の家庭裁判所が管轄裁判所となりますから、申立人に便利な家庭裁判所に申立書を提出します。

　家事調停や家事審判の申立は、書面のほか口頭ですることもできるとされており、家庭裁判所には家事事件相談係の窓口がありますから、申立書に記入できない場合は家庭裁判所の職員が記入してくれます。記載例も窓口に備えつけていますから、それを利用するのが便利です。

　申立には手数料の収入印紙（1件につき甲類審判事件は800円、乙類審判事件と一般調停事件は1200円）と郵便切手が必要になりますが、郵便切手は相手方の数や裁判所により異なりますから、受付窓口で種類と枚数を事前に確認します。収入印紙や郵便切手は、申立書といっしょに受付窓口へ渡します。

2　家事調停や家事審判の申立は、家庭裁判所の申立書受付窓口に備え付けている家事事件の内容に応じた特別の申立書用紙を使用しますが、特別の様式の用紙のない場合には、次のような一般用の申立書用紙を使用します。ワープロやパソコンを使用する場合は、訴状の様式に準じて作成しますが、あ1頁目の上部に7センチ程度の余白をとっておきます。

　申立書の構成は、大別すると、①申立人に関する事項、②相手方に関する事項、③申立の趣旨、④申立の実情の4つに分かれます。窓口備え付けの一般用

の用紙は、申立の実情の欄が狭くなっていますから、書き切れない場合は、その欄に「別紙の通り」と記載して別紙（A4サイズ）に詳細に記載してそれを添付します。

受付印	家事審判・調停申立書　　（事件名　　　）		
	（収入印紙の貼付欄）		
準口頭	関連事件番号　平成　　年（家　　）第　　号		
○○家庭裁判所　御中 平成　年　月　日	申立人の署名押印 又は記名押印		（印）
添付書類			
申立人	本籍 住所　　　　　　　　　　　　　　　　　（電話　　　　　） 連絡先　　　　　　　　　　　　　　　　（電話　　　　　） 氏名　　　　　　　　　　　　生年月日　　年　月　日生 職業		
相手方	本籍 住所　　　　　　　　　　　　　　　　　（電話　　　　　） 連絡先　　　　　　　　　　　　　　　　（電話　　　　　） 氏名　　　　　　　　　　　　生年月日　　年　月　日生 職業		
相手方	本籍 住所　　　　　　　　　　　　　　　　　（電話　　　　　） 連絡先　　　　　　　　　　　　　　　　（電話　　　　　） 氏名　　　　　　　　　　　　生年月日　　年　月　日生 職業		

申立ての趣旨

申立ての実情

(1) 「家事審判・調停申立書」の審判・調停の該当する方を○印で囲みます。家事事件の内容に応じて作成された特別の用紙（遺産分割、相続放棄、遺言書の検認などの用紙）がある場合は、その用紙を使用します。提出通数は1通ですが、控えを保存します。

(2) 収入印紙を貼る欄がありますが、貼らずにそのまま申立書受付係に渡すのが無難です。収入印紙に消印（割印）をしてはなりません。

(3) 申立書には、家庭裁判所に指定された書類（戸籍謄本その他）を添付する必要がありますから、申立書受付係で事前に添付書類の種類を確認しておきます。同時に2件以上の申立書を提出する場合には、共通する戸籍謄本のような添付書類は1件にのみ添付すれば足ります。前に提出した相手方の同じ申立が審理中の場合には、添付書類は前に提出したものが利用できますから、再度の提出は不要です。

(4) 「申立の趣旨」と「申立の実情」の欄は、家庭裁判所の家事相談係で記載例を見せてくれますから、それらの記載例を参考にして記入します。家事事件の内容に応じた申立書用紙には、あらかじめ印刷された項目の該当するものに○印を付けたり、空欄に必要な文字を記入するなど、簡単に記入できるように工夫されています。

　一般用の申立書用紙は全部が空欄になっていますから、例えば、扶養請求の調停申立では、申立の趣旨の欄に「①相手方長男太郎は、申立人を引き取って扶養すること。②相手方次男二郎は、申立人に対して扶養料として毎月末日限り月額金5万円を支払う。との調停を求める」のように家庭裁判所で閲覧のできる記載例を参考にして記載します。申立の実情の欄には、個々の事情に応じて、記載例を参考にして詳細に記載します。有利な証拠となる書類がある場合は、必ず申立書に添付します。

(5) 申立は口頭でもすることができますから、申立人が申立書に記入することができない場合には、書記官の面前で申立の趣旨や申立の実情を口頭で述べて書記官に申立書を作成してもらうことができます（家事審判規則3条2項）。申立人に代わって裁判所職員が申立書を代筆し申立人が署名押印するだけの準口頭申立も可能です。

Q26 家事調停・家事審判の手続の流れは、どのようになりますか

1　家事調停（乙類審判事項など）の手続の流れは、次のようになります。

家庭裁判所へ家事調停の申立	①　家庭裁判所に備付けの申立書用紙に必要事項を記入して提出します。 ②　申立書が作成できない場合は係員に申し出ます。
調停期日の指定	①　裁判所は調停委員会を組織し調停期日を指定します。 ②　書記官は当事者を期日に呼び出します。家事事件は、原則として本人自身の出頭が必要です。
調停期日の実施	①　調停委員会は事情聴取、事実の調査、証拠調べを行います。 ②　1回で終わらない場合は、調停期日を続行します。 ③　審判の申立が調停へ回付される場合もあります。
調停の成立	①　調停が成立すると書記官が調停調書を作成します。 ②　この調停調書は確定審判と同一の効力を有します。
調停の不成立	①　裁判所が「調停に代わる審判」をする場合があります。 ②　審判事項は審判手続に移ります。訴訟事項（離婚請求、離縁請求など）は地方裁判所に訴えの提起ができます。
合意に相当する審判	裁判所は婚姻・養子縁組の無効・取消に関する事件では、「合意に相当する審判」をする場合があります。

| 調停事件の終了 | 調停の終了原因は、調停の成立のほか、調停申立の取り下げ、調停の拒否、調停の不成立、調停に代わる審判、合意に相当する審判、調停申立の却下、当事者の死亡による当然終了があります。 |

2 家事審判（甲類審判事項）の手続の流れは、次のようになります。

| 家庭裁判所へ家事審判の申立 | ① 家庭裁判所に備付けの申立書用紙に必要事項を記入して提出します。
② 申立書が作成できない場合は係員に申し出ます。 |

↓

| 審判期日の指定 | ① 裁判所は審判期日を指定し当事者を期日に呼び出します。
② 家事事件は、原則として本人の出頭が必要です。
③ 乙類事件の調停不成立の場合は、審判手続に移ります。 |

↓

| 審判期日の実施 | ① 家事審判官は事情聴取、事実の調査、証拠調べを行います。
② 審判は参与員を立ち会わせ、その意見を聴く場合があります。
③ 裁判所は職権で乙類事件をいつでも調停に回付できます。 |

↓

| 審判・告知 | ① 審判は原則として審判書を作り告知することにより効力を生じます。即時抗告できる審判はその確定により効力を生じます。
② 確定審判は確定判決と同一の効力を有します。 |

↓

| 認容の審判 | ① 審判の内容に応じた各種の効力が生じます。
② 裁判所は審判で定められた義務の履行を勧告・命令できます。 |

却下・認容に不服の場合	① 審判への不服申立は高等裁判所に即時抗告をします。（即時抗告のできる期間は告知を受けた時から2週間） ② 憲法違反などを理由に最高裁へ特別抗告ができます。
審判事件の終了	審判の終了原因は、認容の審判のほか、審判申立の取り下げ、却下審判、当事者の死亡による当然終了があります。

3　家事調停や家事審判の手続で、とくに注意することは、次の通りです。
(1)　家庭裁判所の家事調停や家事審判の手続では、通常の民事訴訟の場合と異なり、相手方の主張を書いた書面や相手方の提出した証拠が送られてくることはありませんから、自分の主張や自分に有利な証拠は早く家庭裁判所に提出しておく必要があります。この仕組みを「職権探知主義（しょくけんたんちしゅぎ）」といい、家事事件における事実認定のための資料は、家庭裁判所が職権で、事実の調査や必要があると認める証拠調べをすることとされています（家事審判規則7条1項）。しかし、当事者が事実認定の資料を提出することを許さない趣旨ではありませんから、書面によって積極的に自分の主張をし、かつ、その主張を裏付ける証拠を提出する必要があります。

　通常の民事訴訟のような期日の前に準備書面を提出する制度はありませんが、自分の主張を書いた書面を早めに家庭裁判所宛に提出しておくことが大切です。書面の表題の付け方も決まっていませんが、実務上は、主張書面とか、上申書としています。何回も提出しますから、主張書面(1)、主張書面(2)のような回数が分かるようしておきます。この書面の作り方は、第1章のQ7の準備書面と同様にA4サイズ用紙に横書き・片面印刷とします。審判に移行した場合の記載例は、次の通りです。

平成16年（家）第〇〇〇号　扶養料の減額請求事件
（家事調停事件番号：平成15年（家イ）第〇〇〇号）
申立人　〇〇〇〇
相手方　〇〇〇〇

> **申立人主張書面**(5)
>
> 　　　　　　　　　　　　　　　　　　　平成16年10月11日
> ○○家庭裁判所　御中
>
> 　　　　　　　　　　　　　　　　申立人　　○○○○　㊞
>
> 頭書事件について、申立人は、下記の通り主張する。
> 　　　　　　　　　　　記
> （以下省略。民事訴訟の準備書面に準じて記載する。）

　証拠の提出の仕方も決まっていませんが、書証（文書の証拠）を提出する場合は、写し（コピーした文書）に赤鉛筆で1号証、2号証のような一連番号を記載して提出します。原本は保管しておき、裁判所の指示のある場合に裁判所で提示します。書証を提出する場合は、民事訴訟の場合と同様に「証拠説明書」も提出します。

(2)　家事事件（家事調停や家事審判の事件）の事件記録も閲覧や謄写ができることとされていますが、裁判官の許可した範囲しか閲覧しまたは謄写することができません（家事審判規則12条1項）。家事事件は民事事件とは異なり非公開主義を採っているからです（家事審判規則6条）。裁判官がどの部分を許可するのかが分かりませんから、書記官から「家事事件記録等閲覧・謄写票」用紙をもらって必要事項を記入の上、書記官またはその裁判所で謄写を担当する所（たとえば、弁護士会係員）へ提出します。書記官が謄写する場合は1枚150円、弁護士会などの場合は70円程度の費用がかかります。

　裁判官が閲覧や謄写を不許可とした場合は、これを争う法的手段はありませんが、裁判官の不許可は、あくまでも閲覧や謄写を求めた時の判断ですから、相当程度の審理が進んだ後には不許可とされない場合もあります。相手方の主張や提出した証拠が分からないと反論することもできませんから、「家事事件記録等閲覧・謄写票」に記入して期日の都度、提出しておくことが大切です。

　家庭裁判所調査官の報告書は、当事者の一方の意見だけを聞いて作成される場合も多いので、調査官の報告書が作成されたか否かを書記官に聞いて「家事事件記録等閲覧・謄写票」で謄写を請求しておきます。相手方のウソがそのまま証拠とされますから、注意が必要です。

(3)　家事調停や家事審判の期日には、家事調停委員、家庭裁判所調査官など

の裁判官（家事審判官）以外の者が当事者から事情を聞いたり事実を調査したりしますが、法律の専門家ではありませんので、誤った内容の調書を作成されるおそれがありますから、聞かれた事情や事実については各期日後に主張書面や上申書で正確に主張しておくことが大切です。

(4) 家事調停や家事審判では、通常の民事訴訟のような権利・義務の有無を基本に法律を適用して一刀両断に解決を図るのではなく、家事審判法の目的である「家庭の平和と健全な親族共同生活の維持を図る」という観点から実情に応じた解決を図ることとしています。たとえば、親Aが相手方の子Bに対して「引き取って扶養すること」の調停を求めたのに対して、子Bが承諾した後に、親Aが同居を拒否して「扶養料として毎月30万円ずつを支払う」との調停を求めることもできるのです。相手方に対して申立人の主張が書面で伝わらない仕組みになっていますから、自分の主張を記載した書面やその主張を裏付ける証拠書類は早めに裁判所に提出しておくことが肝要です。

(5) 家事調停や家事審判の手続では、通常の民事訴訟のような厳格な証拠調べの手続を経ませんから、裁判所の判断の前提となる「事実認定」を誤る場合があります。事実認定の誤りは、二審の高等裁判所に不服申立（即時抗告）をすることができますが、事実認定を誤らせないように十分に主張をし、かつ、立証をしておく必要があります。家事調停や家事審判の事件には、双方とも弁護士が付かない場合が多いので安心していると、とんでもない事実認定をされる場合がありますから、注意が必要です。

(6) 家事調停や家事審判では、通常の民事訴訟とは異なり、弁護士を依頼した場合でも本人が出頭する必要があります。一般に申立書を提出した後、1カ月程度で申立人と相手方の双方に家庭裁判所から呼出状が郵送されますから、指定された日時に指定の法廷に出頭する必要があります。家事調停や家事審判では、本人の気持ちが重要ですから、代わりの弁護士だけでは不十分なのです。

(7) 家事調停や家事審判の手続は民事訴訟の場合とは異なり一般国民には公開しないこととされ傍聴することができませんが、家庭裁判所は、相当と認める者の傍聴を許すことができるとされています（家事審判規則6条）。したがって、当事者の配偶者や近親者などは傍聴が認められる場合があります。

Q27 家事調停・家事審判の手続は、どんな場合に終わるのですか

1　家事調停事件は、①調停の成立、②調停申立の取下げ、③調停の拒否、④調停の不成立、⑤合意に相当する審判、⑥調停に代わる審判、⑦調停申立の却下、⑧死亡による当然終了によって終了します。

(1) 当事者間に合意が成立し、調停委員会または家事審判官によってそれが相当であると認められた場合に、それを調停成立調書に記載したときは、調停が成立し調停事件は終了します。合意の成立と調停の成立とは異なる観念ですから、合意が成立しても調書が作成されない限り調停は成立しません。

(2) 調停の申立人は、その調停の成立または不成立その他の理由により調停事件の終わるまでは、いつでも申立を取り下げることができます。調停申立の取り下げには、一般に「取下書」（様式は自由。準備書面の様式で作成するのが便利）を家庭裁判所に提出します。これにより調停事件は終了します。

(3) 調停委員会または単独調停の家事審判官は、事件が性質上調停をするのに不適当と認める場合や当事者が不当な目的でみだりに調停の申立をしたと認める場合には、調停をしないことができます。これにより調停事件は終了します。この場合、不服申立はできないので、不適法とされた点を補正して、新たな申立をするしかありません。

(4) 調停委員会または単独調停の家事審判官は、当事者間に合意が成立する見込みがない場合には調停不成立として調停事件を終了させることができます。この場合も、不服申立はできません。

(5) 家庭裁判所は「合意に相当する審判」をすることができますが、当事者がこの審判の告知を受けた時から2週間以内に利害関係人から異議の申立がなかった場合には審判が確定し調停事件は終了します。

(6) 家庭裁判所は「調停に代わる審判」をすることができますが、当事者がこの審判の告知を受けた時から2週間以内に当事者または利害関係人から異議の申立がなかった場合には審判が確定し調停事件は終了します。

(7) 調停の申立の方式が不適法な場合には申立が却下され調停事件は終了します。

(8) 離婚、離縁、婚姻費用の負担、扶養、子の監護に関する処分などの調停申立においては、当事者の死亡によって調停事件は当然に終了します。

2　家事審判事件は、①認容の審判、②却下の審判、③審判申立の取下げ、④調停への回付後の調停の成立、⑤死亡による当然終了によって終了します。
(1) 家庭裁判所は、申立が適法であり申立に対する処分をするのが相当であると判断したときは、申立の認容の審判をします。これにより審判事件は終了します。
(2) 家庭裁判所は、申立が不適法な場合または処分の必要がないと認めるときは申立の却下の審判をします。これにより審判事件は終了します。
(3) 審判事件についても、調停事件と同様に、申立人は、申立を取り下げることができます。これにより審判事件は終了します。ただ、未成年後見人選任事件や遺言書検認事件のように申立人が申立義務を負っている場合には取り下げはできないと解されています。
(4) 乙類審判事件が調停に回付され、調停が成立した場合は審判事件は終了します。
(5) 夫婦の同居、婚姻費用の分担、扶養、親権者の指定などの事件では、当事者の死亡によって審判の目的が消滅した場合は審判事件は当然に終了します。

第3章
訴える前の仮の処分の手続は、どのようにするのですか

Q28
民事保全の手続は、どんな場合に利用できるのですか

1 訴えを提起して貸金返還請求の勝訴判決を得たとしても、その前に相手方（債務者）の土地その他の財産が他人に売却されていたり、名誉毀損の図書の発売による損害賠償請求で勝訴判決を得たとしても、毀損された名誉は回復されないので、訴えの提起前に図書の発売を差し止める必要があります。このような民事訴訟の本案（原告の本来の請求）の権利の実現を保全するための手続を民事保全の手続といいます。民事保全の手続には、次の3つの手続があります（民事保全法1条）。

① 仮差押え
② 係争物に関する仮処分
③ 民事訴訟の本案の権利関係につき仮の地位を定めるための仮処分

(1) 仮差押えとは、金銭の支払を目的とする債権についての将来の強制執行のために債務者（相手方）の財産を保全（現状維持）しておく手続をいいます。債務者の特定の財産の現状を維持しておかなければ、将来、強制執行の不能または困難をきたすおそれがある場合に、あらかじめ債務者の財産を暫定的に差し押さえてその処分を禁じておく保全手続です。例えば、貸金返還請求訴訟の勝訴判決を得ても、相手方（債務者）の財産が処分されて存在しない場合には債権の回収ができませんから、あらかじめ相手方の土地その他の特定の財産の処分を禁じておく必要があるのです（民事保全法20条）。
(2) 係争物に関する仮処分とは、金銭債権以外の特定物（取引で当事者が特に指定した物）の引渡その他の給付の請求権を保全しておく手続をいいます。例えば、土地の明渡請求権についての訴訟の結果を待っていては土地の現状の変更により債権者（申立人）が権利を実行することができなくなるおそれがある場合や権利を実行するのに著しい困難を生ずるおそれがある場合にとる保全手続をいいます（民事保全法23条1項）。
(3) 仮の地位を定める仮処分とは、争いがある権利関係について債権者（申

立人）に生ずる著しい損害または急迫の危険を避けるために必要な場合にとる保全手続をいいます。例えば、解雇無効を争う従業員について従業員としての仮の地位を定める仮処分、従業員の賃金仮払い仮処分、日照通風被害を理由とするマンション建築禁止の仮処分などがあります（民事保全法23条2項）。

2　民事保全の命令（保全命令）は、債権者（申立人）の保全命令の申立により裁判所が行います。保全命令には、①仮差押え命令、②係争物に関する仮処分命令、③仮の地位を定めるための仮処分命令があります。

　民事保全の執行（保全執行）は、債権者の申立により裁判所または執行官が行います。(a)裁判所の行う保全執行には、不動産・船舶・債権その他の財産権に対する仮差押え、動産を除く財産に対する処分禁止の仮処分などがあります。(b)執行官の行う保全執行には、動産に対する仮差押え、占有移転禁止の仮処分などがあります。

3　仮差押え命令は、金銭債権（金銭の支払を目的とする債権）を保全する必要がある場合に発せられます。仮差押え命令は、債務者（相手方）の財産の現状の維持を目的とします。保全すべき金銭債権が、条件付または期限付であっても、将来の請求権であっても仮差押え命令を発することができます。しかし、仮差押え命令は、特定の物について発しなければなりませんが、動産の仮差押え命令は、目的物を特定しないで発することができます。

　仮差押え命令の対象は、執行方法の違いから、①不動産、②船舶、③動産、④債権およびその他の財産権、⑤航空機、自動車、建設機材に大別されます。

　仮差押え命令を発することができない場合として、①債権者（申立人）が抵当権や質権のような担保権を持っている場合、②強制執行しない特約のある債権、③債権者が債務名義（強制執行できる権利の存在を公証する文書）により直ちに強制執行できる場合、④租税債権、破産債権などがあります。これらの場合は、仮差押の必要性ないし理由がないからです。例えば、抵当権をもっている者は、それに基づいて直ちに強制執行できますから仮差押えの必要性がないからです。

4　係争物に関する仮処分命令は、金銭債権以外の特定物に関する給付請求権

の強制執行を保全するため現状の維持を命ずる必要がある場合に発せられます。例えば、所有権に基づく特定物（土地など）の引渡請求権、売買に基づく目的物引渡請求権、土地の所有権移転登記請求権などを有する債権者が、将来、取得する債務名義による権利の実行を保全するために現状の維持を命ずる仮処分命令です。

　典型的な類型としては、①占有移転禁止の仮処分や②処分禁止の仮処分があります。
⑴　占有移転禁止の仮処分は、債務者が占有する物に対する引渡請求権または明渡請求権を保全するためになされる仮処分です。
⑵　処分禁止の仮処分は、債務者に物の譲渡、質権・抵当権・賃借権の設定その他の一切の処分を禁じるためになされる仮処分です。

5　仮の地位を定めるための仮処分命令は、争いがある権利関係について債権者に生ずる著しい損害または急迫の危険を避けるために必要な場合に発せられますが、この仮処分は次のように社会生活のあらゆる場面で利用されています。
⑴　不作為を命ずる仮処分
　　立ち入り禁止仮処分、建築工事妨害禁止仮処分、建築工事禁止仮処分、工作物設置禁止仮処分、面会強要禁止仮処分、騒音発生禁止仮処分
⑵　仮払いの仮処分
　　交通事故による損害賠償金の仮払い、従業員の賃金仮払い仮処分など
⑶　土地・建物の明け渡しを命ずる断行の仮処分
　　現状を変更し本案判決で勝訴したのと同様の結果を実現する仮処分なので、債務者に与える影響が重大なため仮処分の必要性が特に厳格に要求されます。
⑷　地位保全の仮処分
　　解雇無効を争う従業員につき従業員としての地位を仮に定めることを命ずるもの
⑸　労働組合運営への介入禁止仮処分
⑹　無体財産権による侵害行為差止仮処分
　　特許権、実用新案権、意匠権、商標権、著作権などの侵害行為差止を命ずるもの
⑺　子の引渡を命ずる仮処分
⑻　作為（妨害物除去）を命ずる仮処分

宅地崩壊防止のための防護壁設置の仮処分、集会のための会議室提供仮処分、通行妨害物除去の仮処分など

(9)　法人役員の職務執行停止の仮処分

　住職の職務執行停止代行者選任の仮処分、学校法人の評議員職務執行停止代行者選任の仮処分、ホテル支配人の仮の地位を定める仮処分、など

Q29 民事保全の手続の仕組みは、どのようになっているのですか

1　民事保全の命令（仮差押命令、係争物に関する仮処分命令、仮の地位を定める仮処分命令）は、債権者の申立により管轄の裁判所が行います。この場合の管轄裁判所は、①本案（本来の請求）の管轄裁判所または②仮に差押えるべき物もしくは係争物の所在地を管轄する地方裁判所とされています（民事保全法12条1項）。

保全命令の申立は書面でする必要がありますから、債権者は、保全命令の申立書に次の各事項を記載し、疎明資料その他の必要な書類（会社登記簿その他）を添付して管轄の裁判所に提出します（民事保全規則13条）。疎明資料とは、裁判官に一応確からしいという程度の心証を得させる資料をいいます。

> ①　当事者（債権者と債務者）の氏名または名称および住所
> ②　申立の趣旨
> ③　申立の理由（保全すべき権利・権利関係と保全の必要性）
> ④　疎明資料（疎明方法）の表示

(1)　申立の趣旨は、どんな保全命令を求めるのかの結論部分であり、保全命令の主文に対応するものです。例えば、次のような記載例があります。

　①　債権者の債務者に対する前記請求債権の執行を保全するため、債務者所有の別紙物件目録記載の不動産は、仮に差し押さえる。との裁判を求める。

　②　債務者は、別紙物件目録記載の不動産について、譲渡並びに質権、抵当権及び賃借権の設定その他一切の処分をしてはならない。との裁判を求める。

　③　債務者は、債権者に対し、平成〇年〇月から平成〇年〇月まで毎月末日限り金〇〇万円を仮に支払え。との裁判を求める。

　④　債務者は、別紙目録記載の図書を販売又は頒布してはならない。との裁判を求める。

⑤　債務者は、○県○郡○町大字○○1789番地に隣接する○町町有地に障害物その他の工作物を設置してはならない。との裁判を求める。

(2)　申立の理由には、①保全すべき権利または権利関係（争いがある権利関係）および②保全の必要性を具体的に記載して、かつ、立証を要する事由ごとに証拠を記載する必要があります。例えば、解雇無効による地位保全の仮処分命令申立では、①被保全権利（保全すべき権利）としては、債権者の有する労働契約上の権利があり、②保全の必要性としては、債権者には賃金以外の収入がなく、債権者とその家族の生活維持が不可能となり著しい損害を被ることなどが考えられます。

(3)　疎明方法（疎明のための資料）として、申立の理由中に立証を要する事由ごとに証拠（疎明方法）を記載します。疎明方法には、債権者（申立人）は、疎甲第1号証、疎甲第2号証のように一連番号を付します。債務者（相手方）は、疎乙第1号証、疎乙第2号証のように一連番号を付します。

2　民事保全の手続に関する裁判（保全命令や保全執行の裁判）は、口頭弁論を経ないですることができます（民事保全法3条）。これを任意的口頭弁論といい、この場合の裁判の形式は、決定（口頭弁論を経ない裁判所の裁判）または命令（口頭弁論を経ない裁判官の裁判）となります。裁判の形式は、口頭弁論の必要な①判決、口頭弁論を経ない②決定と③命令の3種類があります。任意的口頭弁論の場合では次のように民事訴訟法の必要的口頭弁論の場合とは異なっています。

(1)　主張を記載した書面（主張書面）は陳述しなくても裁判資料となります。
(2)　書証も提出すると裁判資料となります。
(3)　証人などの呼び出しはできません。
(4)　裁判官の交替による更新手続も不要です。
(5)　受命裁判官（裁判長の指示により訴訟行為をする裁判官）による裁判所外の証人尋問はできません。

　保全命令（仮差押命令や仮処分命令）の申立についての決定には、理由を付さなければなりませんが、口頭弁論を経ないで決定をする場合には、理由の要旨を示せば足りるとされています（民事保全法16条）。保全命令は、急迫の事情があるときに限り、裁判長が発することができます（民事保全法15条）。

　保全命令は、担保を立てさせて、もしくは相当と認める一定期間内に担保を

立てることを保全執行の実施の条件として、または担保を立てさせないで発することができます（民事保全法14条1項）。保全命令は、当事者に送達する必要があります。送達とは、法定の方式で書類を交付することをいいます。

3 保全命令（仮差押命令や仮処分命令）の申立が裁判所によって認められた場合の保全命令に対しては、債務者（相手方）は、その保全命令を発した裁判所に対して書面で「保全異議」を申し立てることができます（民事保全法26条）。

保全異議の審理では、裁判所は、口頭弁論または当事者双方が立ち会うことができる審尋の期日を経なければ、保全異議の申立についての決定をすることはできません（民事保全法29条）。

裁判所は、保全異議の申立があった場合において、①保全異議の申立に理由のない場合は保全命令を認可し、②保全異議の申立に理由のある場合は保全命令を変更し、または取り消す必要があります（民事保全法32条1項）。

保全異議の申立についての裁判に不服のある者は、その裁判の送達を受けた日から2週間以内に抗告裁判所（上級の裁判所）に「保全抗告」をすることができます（民事保全法41条1項）。しかし、保全抗告についての裁判に対しては、更に再抗告をすることはできません（民事保全法41条3項）。

4 保全命令が取り消される場合として次の場合があります。
(1) 保全命令を発した裁判所は、債務者（相手方）の申立により、債権者（申立人）に対し、相当と認める2週間以上の一定期間内に、本案（本来の請求）の訴えを提起するとともにその提起を証する書面を提出し、既に本案の訴えを提起しているときはその訴訟の係属を証する書面を提出すべきことを命ずる必要があります（民事保全法37条1項）。この場合に債権者が裁判所の定めた期間内に訴えの提起を証する書面を提出しなかったときは、裁判所は、債務者の申立により、保全命令を取り消す必要があります（民事保全法37条3項）。

訴えの提起を証する書面が提出された後に、本案の訴えが取り下げられまたは訴えが却下されたときは、訴えの提起を証する書面を提出しなかったものとみなされます（民事保全法37条4項）。
(2) 保全すべき権利もしくは権利関係（争いがある権利関係）または保全の必要性の消滅その他の事情の変更があるときは、保全命令を発した裁判所ま

たは本案の裁判所は、債務者の申立により、保全命令を取り消すことができます（民事保全法38条1項）。

(3) 仮処分命令により償うことができない損害を生ずるおそれがあるときその他の特別の事情があるときは、仮処分命令を発した裁判所または本案の裁判所は、債務者の申立により、担保を立てることを条件として仮処分命令を取り消すことができます（民事保全法39条1項）。

5 保全命令の申立を取り下げるには、保全異議の申立または保全取消の申立があった後においても、債務者の同意を得る必要はありません（民事保全法18条）。

保全命令の申立を却下する裁判に対しては、債権者は、却下の告知を受けた日から2週間以内に即時抗告（一定期間内に限りできる不服申立）をすることができます。この即時抗告を却下する裁判に対しては、更に抗告（再抗告）をすることはできません（民事保全法19条）。即時抗告とは、明文の規定のある場合に限り一定期間内にできる不服申立をいいます。

保全命令の申立を却下する裁判に対する即時抗告が理由があるとされた場合は、保全命令を発することになりますから、①債務者は、その保全命令に対して保全異議の申立をすることができますが、保全異議の申立に対する裁判に保全抗告はできません（民事保全法41条1項）。一方、②保全取消のなされた場合は保全抗告はできますが、再抗告はできません（民事保全法41条3項）。

7 保全執行（保全命令の執行）は、保全命令の正本（権限のある者が原本から作成した文書）にもとづいて実施されます。ただし、保全命令に表示された当事者（債務者）以外の者に対し、または当事者以外の者のためにする保全執行は、執行文（強制執行ができる旨の公証文言）の付された保全命令の正本にもとづいて実施されます（民事保全法43条1項）。

保全執行（保全命令の執行）は、債権者に対して保全命令が送達された日から2週間を経過したときは保全執行ができなくなります（民事保全法43条2項）。債権者が2週間の執行期間を経過した後に保全執行をした場合は、債務者は、執行異議の申立をすることができます。

保全執行は、保全命令が債務者に送達される前であってもすることができます（民事保全法43条3項）。これは債務者の妨害行為がなされない前に債権者が

執行できるようにするためです。

8　保全執行は、債権者の申立によって裁判所または執行官が行います（民事保全法2条2項）。
　(1)　裁判所が執行機関となる保全執行には、次のものがあります。

> ①　不動産に対する仮差押えの執行
> ②　船舶・航空機に対する仮差押えの執行
> ③　自動車・建設機械に対する仮差押えの執行
> ④　債権およびその他の財産に対する仮差押えの執行
> ⑤　作為または不作為を命ずる仮処分の執行
> ⑥　不動産に関する権利およびそれ以外の権利についての登記または登記請求権を保全するための処分禁止の仮処分の執行
> ⑦　法人の代表者の職務執行停止の仮処分等の執行

　(2)　執行官が執行機関となる保全執行には、次のものがあります。

> ①　動産に対する仮差押えの執行
> ②　不動産または動産を債権者に明け渡すまたは引き渡す仮処分の執行
> ③　不動産または動産に対する占有移転禁止の仮処分の執行

　保全執行の具体的な手続は民事保全法の規定によりますが、民事執行法の規定を準用している場合があります。

Q30 民事保全の申立は、どのようにするのですか

1　保全命令（仮差押命令、係争物に関する仮処分命令、仮の地位を定める仮処分命令）を申し立てる裁判所は、①本案（本来の請求）の管轄裁判所または②仮に差押えるべき物もしくは係争物の所在地を管轄する地方裁判所とされています（民事保全法12条）。

　保全命令の申立書（例えば、建築工事禁止仮処分命令申立書）は、管轄の裁判所の民事受付係に申立書正本1通を提出します。保全命令の申立書には、民事訴訟費用等に関する法律に定める手数料の収入印紙（2000円分）を貼付しますが、実際には収入印紙を貼付せずに民事受付係に渡すのが無難です。その他の費用として郵便切手が必要ですが、裁判所により金額が異なりますから、事前に切手の種類と枚数を確認しておきます。

　保全命令の申立書に記載する事項には、次の事項があります（民事保全規則13条）。

①　表題（例えば、不動産仮差押命令申立書、建築工事禁止仮処分命令申立書）
②　当事者の表示（債権者と債務者の氏名または名称と住所）
③　請求債権の表示または仮処分により保全すべき権利の表示（例えば、
　(a)　債権の表示　　金3000万円　ただし、債権者が債務者に対し平成○年○月○日□□□を売り渡した代金債権
　(b)　仮処分により保全すべき権利　　不法行為に基づく損害賠償請求権
④　申立の趣旨（どんな保全命令を求めるのかの結論部分の記載）
⑤　申立の理由（保全すべき権利または権利関係の記載と保全の必要性の記載）
⑥　疎明方法（疎明のための書類の表題の表示）
⑦　添付書類（疎明書類や会社登記簿などの添付書類の表題の表示）
⑧　提出年月日（裁判所への提出日の表示）
⑨　債権者の記名と押印
⑩　提出先の裁判所名の表示（例えば、○○地方裁判所御中）

2　保全命令の申立書の類型は無数にありますから、ここでは典型的な日照妨害を理由とする「建築工事禁止仮処分命令申立書」の例によって説明します。

建築工事禁止仮処分命令申立書

平成○年○月○日

○○地方裁判所　御中

債権者　　○○○○　（印）

　　　　〒000-0000　○県○市○町○丁目○番○号（送達場所）
　　　　　　　債権者　　　○○○○
　　　　　　　　　　（電話000-000-0000）
　　　　〒000-0000　○県○市○町○丁目○番○号
　　　　　　　債務者　　　○○○○

仮処分により保全すべき権利　土地及び建物の所有権及び人格権に基づく妨害排除請求権

申立の趣旨

1　債務者は、別紙物件目録(1)記載の土地上に建築予定の別紙物件目録(2)記載の建物のうち、4階を超える部分の建築工事をしてはならない。
2　債務者は、別紙物件目録(1)記載の土地上に建築予定の別紙物件目録(2)記載の建物のうち、別紙図面のア、イ、ウ、エ、アの各点を順次直線で結んだ範囲について建築工事を続行してはならない。
3　申立費用は、債務者の負担とする。
との裁判を求める。

申立の理由

第1　当事者
　1　債務者○○○○は、別紙物件目録(1)記載の土地上に別紙物件目録(2)記載の建物を建築しようとしている者である。
　2　債権者○○○○は、別紙物件目録(1)記載の土地に隣接する南側の土地及び建物（別紙物件目録(3)記載の土地及び建物）の所有者であり現に居住している者である。
第2　被保全権利及び日照被害

1　債権者は、その土地及び建物の所有権及び人格権に基づく妨害排除請求権を根拠として申立の趣旨記載の仮処分命令を求めるものである。
　　2　別紙物件目録(2)記載の建物の建築による債権者の日照被害について
　　　(1)　(日照被害の程度、日照阻害時間、行政的措置など)
　　　(2)　(受忍限度を超える日照権侵害による不法行為責任の論証)
（中　略）

第3　保全の必要性
　債務者の本件建物が完成した場合は、これを取り壊すことは事実上困難なので、本件建物の建築工事の差し止めの必要性がある。
疎明方法

1　疎甲第1号証　　土地登記簿謄本
2　疎甲第2号証　　建物登記簿謄本
3　疎甲第3号証　　建築計画概要書
4　疎甲第4号証　　立面図
5　疎甲第5号証　　平面図
6　疎甲第6号証　　断面図
7　疎甲第7号証　　日影図
8　疎甲第8号証　　等時間図
9　疎甲第9号証　　17条地図写し
添付書類

疎甲号証　　各1通

以上

①　表題は、どのような保全命令の申立であるかが分かるように付けます。たとえば、上例のほか、不動産仮差押命令申立書、債権仮差押命令申立書、不動産処分禁止仮処分命令申立書、不動産占有移転禁止仮処分命令申立書、工作物設置禁止仮処分命令申立書といった例があります。
②　当事者の表示は、保全命令の申立人を債権者、相手方を債務者と表示します。当事者が会社の場合は本店所在地、会社名（商号）、代表者役職名（代表取締役など）と代表者の氏名を表示します。当事者が多数の場合は「別紙当事者目録記載の通り」と記載して当事者目録を添付します。
③　仮処分により保全すべき権利または請求債権の表示は、申立の理由に

記載するか、申立書の冒頭に例示のように記載します。
④　申立の趣旨には、いかなる保全命令を求めるかの結論部分を記載しますが、保全命令の主文に対応するものです。
⑤　申立の理由には、申立の趣旨記載の請求が認められるとする根拠を記載します。特に、被保全権利および保全の必要性を具体的に記載して、かつ、立証を要する事由ごとに証拠を記載する必要があります。
⑥　疎明方法には、疎明（裁判官に一応確からしいという程度の心証を得させること）のための資料を表示します。疎明書類には、債権者は疎甲第1号証から、債務者は疎乙第1号証からの一連番号を付します。
⑦　添付書類には、何を添付したのかを記載します。

3　その他のよく用いられる「仮処分命令申立書」の「申立の趣旨」の例を示します。
(1)　工作物等設置等禁止仮処分命令申立事件

> 申立の趣旨
> 1　債務者は、○県○郡○町大字○○1234番地に隣接する○町町有地に障害物その他の工作物を設置してはならない。
> 2　債務者は、○県○郡○町大字○○1234番地に隣接する○町町有地に障害物その他の物を存置してはならない。
> 3　申立費用は債務者の負担とする。
> との裁判を求める。

(2)　解雇無効による地位保全の仮処分命令申立事件

> 申立の趣旨
> 　申請人が被申請人に対し労働契約上の権利を有することを仮に定める。
> との裁判を求める。

(3)　賃金毎月給付型仮処分命令申立事件

> 申立の趣旨

債務者は、債権者に対し、平成16年6月以降毎月末日限り金〇〇万円を仮に支払え。
との裁判を求める。

Q31 民事保全の手続の流れは、どのようになりますか

1 民事保全の手続の主な流れは、次のようになります。

保全命令の申立書の提出
① 債権者は管轄の裁判所に申立書を提出します。
② 申立の取り下げには債務者の同意は不要です。
③ 申立の却下の裁判には即時抗告ができます。

↓

保全命令
① 裁判所は保全命令の申立を認容した場合に保全命令を発します。
② 保全命令では担保を立てさせて発することもできます。
③ 保全命令は当事者に送達する必要があります。

↓

保全異議（不服申立）
① 債務者は保全命令を発した裁判所に保全異議（不服申立）の申立ができます。
② 保全異議の申立に係る裁判に対して不服のある当事者は2週間内に保全抗告（保全異議や保全取消についての不服申立）ができます。
③ 保全抗告の裁判に対しては憲法違反を除き更に抗告はできません。

保全取消
① 本案訴訟を提起しない場合は債務者の申立により保全命令は取り消されます。事情の変更のあった場合も保全命令は取り消されます。
② 仮処分命令で特別事情のある場合も保全命令は取り消されます。

↓

① 保全取消に係る裁判に対して不服のある当事者は保全抗告（保全異議や保全取消についての不服申立）が

保全抗告
（不服申立）

できます。
② 保全抗告の裁判に対しては再抗告はできません。
③ 再抗告のできない場合も憲法違反による特別抗告は可能です。

保全執行

① 保全執行は債権者の申立によって裁判所または執行官が行います。
② 保全執行は、債権者に対して保全命令が送達された日から2週間を経過したときはすることができません。

2　保全命令の申立が却下された場合の手続の主な流れは、次のようになります。次頁の主な流れ図も参照してください。

保全命令申立の却下

① 保全命令の申立を却下する裁判に対しては、債権者は告知を受けた日から2週間以内に即時抗告ができます。
② 却下の決定には理由または理由の要旨を示します。

↓

即時抗告 → 理由なし 却下の裁判
（決定に対する不服申立）

① 即時抗告に「理由がない」とされた場合は却下の裁判がされます。即時抗告却下の裁判に対して再抗告はできません。
② 特別抗告のみ可能です。

↓理由あり

保全命令 → 保全異議

① 即時抗告に「理由がある」とされた場合は保全命令がだされます。債務者は保全命令を発した裁判所に保全異議の申立ができます。
② この保全異議の裁判に保全抗告はできません。

↓

保全取消

① 本案訴訟の不提起の場合は保全命令は取り消されます。
② 事情の変更のあった場合も保全命令は取り消され

↓ 保全抗告	ます。 ③　仮処分命令で特別事情のある場合も保全命令は取り消されます。 ①　保全取消に係る裁判に対して保全抗告ができます。 ②　保全抗告の裁判に対しては再抗告はできません。 ③　再抗告のできない場合も憲法違反による特別抗告は可能です。
保全執行	①　保全執行は債権者の申立によって裁判所または執行官が行います。 ②　保全執行は、債権者に対して保全命令が送達された日から2週間を経過したときはすることができません。

3　民事保全の手続全体の主な流れは、次のようになります。

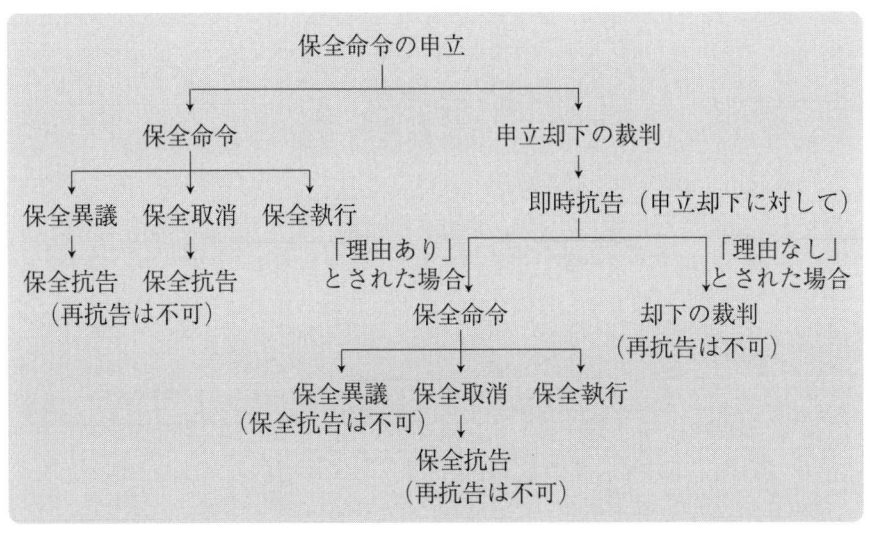

```
                    保全命令の申立
         ┌──────────────┴──────────────┐
      保全命令                     申立却下の裁判
  ┌──────┼──────┐                       │
保全異議 保全取消 保全執行        即時抗告（申立却下に対して）
   │     │              ┌────────────┴────────────┐
保全抗告 保全抗告    「理由あり」                「理由なし」
（再抗告は不可）     とされた場合↓              とされた場合↓
                           保全命令                    却下の裁判
                   ┌────────┼────────┐              （再抗告は不可）
                保全異議  保全取消  保全執行
               （保全抗告は不可）   ↓
                              保全抗告
                            （再抗告は不可）
```

(1)　いずれの場合も、再抗告ができない場合でも、憲法違反があれば特別抗告は可能です。
(2)　保全抗告とは、保全異議や保全取消の申立についての裁判に対する不服申立をいいます。即時抗告とは、決定の裁判に対する不服申立をいいます。

Q31——民事保全の手続の流れは、どのようになりますか

Q32
民事保全の手続は、どんな場合に終わるのですか

1　保全命令の申立を却下する裁判に対しては、債権者は、告知を受けた日から2週間以内に即時抗告（明文の規定のある場合に限り一定期間内にする抗告）をすることができますが、この即時抗告を却下する裁判に対しては、更に抗告（再抗告）をすることはできませんから、民事保全の手続は終了します（民事保全法19条）。ただ、即時抗告を却下する裁判に憲法違反のある場合は特別抗告ができます（民事訴訟法336条）。

2　保全命令が発せられた場合に、保全命令を発した裁判所は、債務者の申立により、債権者に対し、2週間以上の一定期間内に本案の訴えを提起するとともにその提起を証する書面を提出し、提起している場合は係属を証する書面を提出すべきことを命じなければなりませんが、期限までに提出しなかった場合は保全命令は取り消され、債権者はその保全取消に対する保全抗告を却下する裁判に対しては、更に抗告（再抗告）をすることはできませんから、民事保全の手続は終了します（民事保全法37条・41条）。

　保全命令が発せられた場合に、債務者は、保全命令を発した裁判所に対して保全異議の申立ができ、その保全異議の申立による保全取消の裁判には保全抗告をすることができますが、保全抗告についての裁判には更に抗告をすることはできませんから、民事保全の手続は終了します（民事保全法41条）。ただ、いずれの保全抗告を却下する裁判にも憲法違反のある場合は特別抗告ができます（民事訴訟法336条）。

3　保全命令の申立を却下する裁判に対しては、債権者は、告知を受けた日から2週間以内に即時抗告をすることができ、この即時抗告に理由がある場合には保全命令がなされますが、保全命令に対して保全取消の申立がなされ、その保全取消に対する保全抗告を却下する裁判に対しては、更に抗告（再抗告）をすることはできませんから、民事保全の手続は終了します（民事保全法37条・41条）。ただ、保全抗告を却下する裁判に憲法違反のある場合は特別抗告ができます。

4　保全命令が発せられた場合に保全執行が完了したときは、民事保全の手続は目的を達して終了します。

第4章●
刑事事件にする告訴・告発は、どのようにするのですか

Q33 告訴・告発とは、どういうことですか

1 告訴とは、犯罪の被害者その他の告訴ができるとされている者が、捜査機関（検察官や司法警察員）に対して犯罪事実を申告して犯人の処罰を求める意思表示をいいます。告訴をする場合は、一般に「告訴状」という書面を捜査機関へ提出します。

捜査機関には、大別すると①検察官と②司法警察員があります。検察官とは、刑事事件について捜査をし起訴をする権限を有する国家機関をいいます。司法警察員とは、犯罪捜査に当たる司法警察職員のうち告訴の受理、逮捕状の請求などができる巡査部長以上の階級の者をいいます。司法警察職員とは、司法警察員と司法巡査をいいます。

告訴ができるとされている者（告訴権者）の範囲は、次のようになっています（刑事訴訟法230条〜233条）。

① 被害者（犯罪により害を被った者）
② 被害者の法定代理人（親権者、成年後見人など）
③ 被害者が死亡した場合の配偶者、直系の親族、兄弟姉妹（ただし、被害者の告訴をしない意思が明示されている場合は告訴をすることができません）
④ 被害者の法定代理人が、被疑者であるとき、被疑者の配偶者であるとき、または被疑者の4親等内の血族もしくは3親等内の姻族であるときは、被害者の親族
⑤ 死者の名誉を毀損した罪については、死者の親族または子孫
⑥ 名誉を毀損した罪について被害者が告訴をしないで死亡したときは、死者の親族または子孫（ただし、被害者の告訴をしない意思が明示されている場合は告訴をすることができません）

2 告訴の方法は、書面（告訴状）または口頭で、検察官または司法警察員に対してする必要があると規定されていますが、実務上は、「告訴状」という書面を提出します。口頭による告訴を受けたときは、検察官または司法警察員は

「調書」を作成する必要があります（刑事訴訟法241条）。

　告訴は、犯人の処罰を求める意思表示ですから、単なる被害届（盗難被害届、被害始末書、傷害被害届など）とは異なります。被害届だけでは、後に述べる刑事訴訟法上の権利を行使することができませんので、必ず「告訴状」を提出しておくことが大切です。例えば、自動車が赤信号で停車中に追突されてケガをした被害者は、加害者の運転者を業務上過失傷害罪で告訴をしておく必要があります。告訴をしなくても警察官による実況見分調書も作成され捜査が行われますが、どのように処理されたのかが分かりませんので、損害賠償請求訴訟のためにも告訴をしておく必要があります。

3　親告罪（検察官が公訴を提起するには告訴などを必要とする犯罪。通常の犯罪では、被害者の意志とは無関係に公訴を提起できるが、強姦罪のような親告罪は告訴権者の告訴がないと公訴を提起することができない。）の告訴は、犯人を知った日から6か月を経過したときは、告訴をすることができないとされています。ただし、強制わいせつ罪（刑法176条）、強姦罪（刑法177条）、準強制わいせつ罪・準強姦罪（刑法178条）などの一定の親告罪については6か月の告訴期間の制限は適用されないとされています（刑事訴訟法235条）。

　親告罪について告訴をすることができる者がない場合には、検察官は、利害関係人の申立により告訴をすることができる者を指定することができます（刑事訴訟法234条）。利害関係人とは、告訴をすることについて事実上の利害関係があればよく、友人や恋人でもよいと解されています。

　親告罪について共犯の1人または数人に対してした告訴またはその取消は、他の共犯に対しても、その効力を生じます（刑事訴訟法238条）。親告罪の共犯の1人を告訴すると、共犯の全員を告訴したことになるのです。これを告訴不可分の原則といいます。

4　告訴は、公訴の提起（起訴）があるまでは、これを取り消すことができますが、告訴の取消をした者は、同じ事件について再び告訴をすることができないとされていますから注意が必要です（刑事訴訟法237条）。この場合の取消とは、「撤回」を意味します。取消の取消は、手続の法的安定性を害するので認められないと解されています。

5　告発とは、犯人と告訴権者（被害者など）以外の第三者が、捜査機関（検察官や司法警察員）に対して犯罪事実を申告して犯人の処罰を求める意思表示をいいます。告発をすることができる者には限定がありません。
　告発について、刑事訴訟法239条は、次のように規定しています。

> 刑事訴訟法239条
> ①　何人でも、犯罪があると思料するときは、告発をすることができる。
> ②　官吏または公吏は、その職務を行うことにより犯罪があると思料するときは、告発をしなければならない。

(1)　被害者その他の告訴権者でなくても、誰でも、犯罪があると思うときは、捜査機関に対して犯罪事実を申告して犯人の処罰を求めることができます。「何人でも」とされていますから、自然人（人間のこと）に限らず、会社のような法人その他の団体（社団法人や財団法人のほか法人格のない団体も含まれます）も告発をすることができます。
(2)　官吏（国家公務員）や公吏（地方公務員）は、一般国民とは異なり、その職務を行うことにより犯罪があると思うときは、告発をする義務があるのです。この公務員の告発義務は、法律上の義務ですから、告発義務に違反した場合は、公務員法上の懲戒事由に該当することになります。例えば、地方公務員法32条は、「職員は、その職務を遂行するに当たって、法令、条例、地方公共団体の規則および地方公共団体の機関の定める規程に従い、かつ、上司の職務上の命令に忠実に従わなければならない」と法令遵守義務を規定していますから、告発義務違反は、法令遵守義務違反となります。
(3)　告発をする場合も、告訴の場合と同様に「告発状」という書面を捜査機関（検察官や司法警察員）に提出しますが、口頭による告発も可能です。口頭による告発を受けたときは、検察官または司法警察員は、調書を作成する必要があります（刑事訴訟法241条2項）。
(4)　告発には、犯罪事実の申告は必要ですが、犯罪事実が特定されておれば、犯人の特定や罪名・罰条の指定は必要ではありません。それらの記載が誤っていても、告発の効力には影響しません。しかし、告発には、告訴と同様に犯人の処罰を求める意思表示が含まれていることが必要です。告発は、権利の行使ですから、匿名の投書では告発とはなりません。

(5)　告発は、一般に捜査の端緒となるに過ぎませんが、告発に対して検察官が不起訴処分をした場合は、告訴の場合と同様に検察審査会（Q37参照）に対して審査の申立をすることができます。その他にも、告訴の場合と同様に公務員の職権濫用罪その他の一定の犯罪については付審判請求（準起訴手続）（Q38参照）をすることができます（刑事訴訟法262条）。

6　告訴状や告発状は、検察官または司法警察員（一般に巡査部長以上の階級の者）に提出しますが、実務上は、①公務員が関係している犯罪や複雑な行政法規に関する犯罪については検察官へ提出し、②その他の犯罪については司法警察員へ提出するのが無難です。管轄の決まりはありませんが、被害者の住所地や犯罪地を管轄する検察庁または警察署へ提出します。告訴状や告発状を受け取らない場合がありますから、①検察庁の場合は、○○地方検察庁検事正（地方検察庁の長のこと）あてに、②警察署の場合は、○○都道府県警察本部長あてに、書留郵便で郵送します。

Q34
「犯罪」とは、どういうものですか

1 告訴状や告発状を作成する場合には、「犯罪とは、どういうものか」を正確に理解しておく必要があります。一般的な学説では、犯罪とは、その行為が、①犯罪構成要件(はんざいこうせいようけん)（刑法その他の刑罰法規に規定された犯罪行為の類型）に該当し、②違法な行為であり、かつ③有責な（責任がある）行為をいいます。
　犯罪が成立するには、次の3つの要件を満たす必要があります。

> ① その行為が、犯罪構成要件（人の身体を傷害したなど）に該当すること
> ② その行為が、違法性（刑罰法規に違反すること）を有すること
> ③ その行為者に責任が認められること（14歳未満の者や心神喪失者の行為ではなく有責な（責任がある）行為であること）

　例えば、「人の身体を傷害した者」が傷害罪（刑法204条）に該当するためには、①まず、「人の身体を傷害した」という犯罪構成要件に該当し、②次に、犯罪構成要件に該当するのに違法性がないとされる場合（大相撲など）を除いて違法性を有する行為と判断され、③幼児のような責任能力のない場合を除き責任が認められますから、これらの3要件を満たす場合には、犯罪が成立することになります。

2 犯罪が成立するのかどうかは、その行為が、①犯罪構成要件に該当するか、②違法性を有する行為か、③その行為について責任が認められるかの順序で判断をします。
　(1) 犯罪構成要件とは、刑法その他の刑罰法規（例えば、暴力行為等処罰ニ関スル法律、爆発物取締規則）に規定された犯罪の類型（例えば、人の身体を傷害する行為、人を殺す行為、公文書を偽造する行為）をいいます。犯罪が成立するためには、その「行為」が、まず、刑罰法規に規定されている犯罪構成要件（犯罪の類型）に該当していることが必要です。
　(2) 違法性とは、その行為が、刑罰法規（法律や条例）に違反し、法的に許されないことをいいます。犯罪構成要件に該当する行為は、一般に違法性を

有する行為なのですが、例外的に、正当防衛のように行為が犯罪構成要件に該当していても違法性が排除（阻却）される場合があります。違法性が排除される事由を「違法性阻却事由」といいますが、例えば、次のような事由があります。

① 正当防衛（例えば、強姦されそうな場合に犯人を殴りつける行為のように、急迫不正の侵害に対して自己または他人の権利を防衛するため、やむを得ずにした行為は罰しないとされています。刑法36条）。

② 緊急避難（例えば、海で溺れている者を救助するために無断で他人の船を使用した場合のように、自己または他人の生命・身体・自由・財産に対する現在の危難を避けるため、やむを得ずにした行為は、これによって生じた害が避けようとした害の程度を超えなかった場合に限り罰しないとされています。刑法37条）

③ 法令による行為（例えば、刑務職員による死刑の執行、被疑者の逮捕、被告人の勾留、私人による現行犯逮捕のように、法令による行為は罰しないとされています。刑法35条）。

④ 正当な業務による行為（例えば、医師による手術、大相撲その他のスポーツによる身体傷害のように、正当な業務による行為は罰しないとされています。刑法35条）

(3) 責任とは、犯罪構成要件に該当する違法な行為を行ったことについて、その行為者を非難できることをいいます。例えば、3歳の幼児が1歳の赤ちゃんを殺す行為は、犯罪構成要件に該当する違法な行為ですが、責任能力がないので犯罪は成立しません。刑法は心神喪失者の行為は罰しないとし（刑法39条1項）、14歳未満の者の行為は罰しない（刑法41条）として責任能力のない者の行為には刑罰を科さないとしています。

3 犯罪行為は1人で行う場合のほか、複数の者が共同して行う場合があります。2人以上の者が共同して犯罪を実行する場合を「共犯」といいます。共犯には、①共同正犯、②教唆犯、③従犯（幇助犯）があります。

(1) 共同正犯とは、2人以上が共同して犯罪を実行した者をいいます（刑法60条）。共同正犯は、2人以上の行為者に①共同して実行する意思が存在するとともに、②共同して実行した事実が認められることが必要です。例えば、ＡＢＣの3人が共同して銀行強盗を実行した場合はＡＢＣの3人とも共同正犯となります。

(2) 教唆犯とは、他人を教唆して（そそのかして）犯罪を実行させた者をいいます（刑法61条）。例えば、暴力団の組長Aが、組員Bを教唆して（そそのかして）他の暴力団組員Cを殺させた場合の組長Aを教唆犯といいます。

教唆犯は、正犯（実行行為を自らした者）の法定刑（刑罰法規に規定されている刑）の範囲内で処罰されます。教唆犯を教唆した者も同様に処罰されます（刑法61条2項）。教唆犯に実際に言い渡される刑（宣告刑）は、正犯の法定刑の範囲内で正犯の宣告刑よりも重い場合もあり得ます。例えば、暴力団組長Aが、新入りの組員Bを教唆して他の暴力団組員Cを殺させた場合は、組長Aに対して実行犯Bよりも重い刑を言い渡すこともできます。

(3) 従犯（幇助犯）とは、正犯を幇助（助けること）した者をいいます（刑法62条1項）。例えば、正犯（実行行為者）に凶器となるナイフを貸し与えた者、賭博場の見張りをした者などをいいます。従犯を教唆した者には、従犯の法定刑の範囲内で処罰されます（刑法62条2項）。従犯の刑は、正犯の法定刑に対して減軽（軽くすること）されます（刑法63条）。

4 刑法では、犯罪の構成要件が完全に実現された場合（犯罪が既遂に至った場合）に処罰するのが原則ですから、未遂を処罰する場合は、刑罰法規に未遂を罰する規定がある場合に限られています。未遂とは、犯罪の実行に着手したが、これを遂げない場合（結果が不発生に終わり犯罪が完成しなかった場合）をいいます。例えば、人を殺そうと思って包丁で切りつけたが、抵抗されて殺せなかった場合をいいます。

未遂には、①外的な障害によって結果の発生が妨げられた場合の障害未遂（例えば、被害者の抵抗にあって殺せなかった場合）と②行為者の自発的な意思によって犯罪を完成させることを止めた場合の中止未遂（例えば、被害者を哀れに思って殺人を止めた場合）とがあります。②は中止犯ともいいます。刑法は、次の通り規定しています。

> 刑法43条　犯罪の実行に着手してこれを遂げなかった者は、その刑を減軽することができる（障害未遂）。ただし、自己の意思により犯罪を中止したときは、その刑を減軽し、または免除する（中止未遂・中止犯）。
>
> 刑法44条　未遂を罰する場合は、各本条（条文のこと）で定める。

Q35
告訴状・告発状は、どのように書くのですか

1 告訴や告発は口頭ですることもできます（刑事訴訟法241条2項）が、実務上は、告訴状や告発状を捜査機関（検察官や司法警察員）へ提出します。口頭による告訴または告発を受けたときは、検察官または司法警察職員は「調書」を作成する必要があります。告訴状や告発状の書き方は決まっていませんが、一般にA4サイズの用紙に横書き・片面印刷にします。2枚以上になる場合は、左側2か所をホチキスで綴じます。各頁の綴じ目には、認め印で契印（割り印）をします。本書で述べた「訴状」や「準備書面」の作り方と同様にします。

例えば、傷害罪（刑法204条）で告訴をする場合の記載例は次の通りです。

告　訴　状

平成〇年〇月〇日

〇県〇〇警察署長　殿

告訴人　　〇〇〇〇　（印）

告訴人　住所　〇県〇市〇町〇丁目〇番〇号
　　　　氏名　〇〇〇〇
　　　　　　（昭和〇年〇月〇日生）
　　　　職業　農業
　　　　電話　000-000-0000

被告訴人　住所　〇県〇市〇町〇丁目〇番〇号
　　　　　氏名　〇〇〇〇
　　　　　職業　土木作業員

第1　告訴の趣旨
上記の被告訴人の下記第2記載の行為は、刑法第204条（傷害罪）に該当すると思料するので、当該被告訴人の厳重な処罰を求めるため告訴をする。

第2　告訴事実

上記の被告訴人○○○○は、平成○年○月○日午後○時○○分頃、○県○郡○町大字○○○1234番地付近において、告訴人（当時75歳）に対して、口のきき方が悪いなどと因縁をつけ、告訴人の頭部や顔面を被告訴人の右手の握りこぶしで10回くらい殴打し、その結果、告訴人に対し、全治6か月を要する見込みとする頭部顔面打撲による外傷性クモ膜下出血等の傷害を負わせたものである。被告訴人の本件行為は、刑法第204条（傷害罪）の犯罪構成要件に該当する行為である。

第3　立証方法
　1　○県県立中央病院の○○○○医師作成の診断書
　2　参考人（目撃者）　　○○○○（○県○市○町○丁目○番○号）
　3　参考人（目撃者）　　○○○○（○県○郡○町大字○○1235番地）

第4　添付書類
　上記立証方法1の写し　　　　　　　　　　　　　　　1通

第5　参考事情
　1　告訴人は、現在は一応、退院しているが、医師から、①後遺障害の出る可能性が高い、②約3か月ごとに脳内出血による血の抜き取りが必要である、③症状は、頭部・顔面打撲による外傷性クモ膜下出血の症状である、④今後も、3か月ごとの診察を継続する必要がある、と言われている。
　2　被告訴人○○○○は、上記第2の1記載の傷害に及んだ際に隠し持っていた剪定用の鋏を告訴人の胸元に突きつけて、告訴人の胸部を突き刺そうとしたのである。告訴人が「殺すのなら、ここを刺せ！」と叫んだため、被告訴人は、ひるんで刺すのを止めたのである。殺人未遂の疑いもあり、殺人のための凶器として鋏を準備していた（殺人予備）疑いもある。

　　　　　　　　　　　　　　　　　　　　　　　　　　　以上

(1)　表題は、告訴の場合は告訴状、告発の場合は告発状とします。
(2)　提出年月日または作成年月日を記載します。

(3) 提出先は、記載例では、被告訴人または告訴人の住所の警察署の署長あてにしていますが、場合によっては都道府県警察本部の本部長あてにします。犯罪事実の明白な傷害事件などは検察庁には提出せず、捜査人員の多い警察署にします。

(4) 告訴人の表示として、住所、氏名、生年月日、職業、連絡先電話番号は必ず記載します。

(5) 被告訴人の表示として、住所、氏名、職業程度は記載しますが、分かれば、生年月日や連絡先電話番号も記載します。犯人（被告訴人）の氏名や住所が分からない場合は、例えば、「被告訴人　不詳（ただし、○県○市○町○丁目○番○号所在の株式会社○○工務店の従業員と思われる）」のように、分かる範囲で詳細に記載します。

(6) 告訴の趣旨には、結論としての刑罰法規の罰条（例えば、刑法第○条）を明示して、「厳重な処罰を求めるため告訴をする」として犯人の処罰を求める意思表示を明確にします。

(7) 告訴事実には、犯罪事実に関する次の事項のうち分かるものを詳細に記載します。

> ① 誰が（犯人は誰か）
> ② いつ（犯行の日時）
> ③ どこで（犯行の場所）
> ④ 何を、誰に対して（犯罪の対象や相手方）
> ⑤ どんな方法で（犯罪の方法や態様）
> ⑥ なぜ（犯罪の動機や原因）
> ⑦ どんな行為を（犯罪行為とその結果）
> ⑧ 誰と（共犯者）

(8) 立証方法には、物的証拠（文書その他の物）や人的証拠（証人としての目撃者その他の証言できる者）を表示します。文書の場合は作成者名、作成年月日、表題などを表示します。人的証拠の場合は、氏名と住所（分かれば電話番号も）を表示します。

(9) 添付書類には、必ず「写し」（コピー）を添付します。原本を添付すると事件の終了まで返還されないおそれがあります。

⑽　参考事情には、その事件を捜査する際に参考となると思われる事項を記載します。告訴事実には、犯罪構成要件に該当する事実だけを記載しますが、参考事情には、その他の参考になると思う事実はすべて記載します。参考事情は必ずしも記載する必要はありませんし、後日、告訴人からの事情聴取で捜査機関が「参考人供述調書」を作成するときに述べてもかまいません。

2　告発状の書き方も、告訴状の書き方と同様ですが、例えば、往来妨害罪（刑法124条1項）で告発をする場合の記載例は次の通りです。

告　発　状

平成〇年〇月〇日

〇県〇〇警察署長　殿

　　　　　　　　　　　　　　　　　　　告発人　　〇〇〇〇　（印）

　　　　告発人　住所　〇県〇市〇町〇丁目〇番〇号
　　　　　　　　氏名　〇〇〇〇
　　　　　　　　　　（昭和〇年〇月〇日生）
　　　　　　　　職業　農業
　　　　　　　　電話　000-000-0000

　　　　被告発人　不詳（ただし、本件損壊・閉塞行為の実行行為者は、
　　　　　　　　　　　　後記の株式会社〇〇工務店従業員、同人への
　　　　　　　　　　　　指示者は〇〇〇〇）

第1　告発の趣旨
　上記の氏名不詳の被告発人には、下記第2の告発事実記載の通り、刑法第124条第1項（往来妨害罪）の犯罪を犯したと疑うに足りる相当の事由があると思料するので当該被告発人の厳重な処罰を求めるため告発をする。

第2　告発事実
　上記の氏名不詳の被告発人は、〇県〇郡〇町大字〇〇2345番地地先（同土地の東側）の公衆の通行の用に供されている〇町町有道路（幅約3メートルないし4メートル程度の農道）において、私人が法律上の必要な手続（〇町公共物管理条例に基づく工事許可の取得、道路交通法第77条第1項に規定する

警察許可の取得その他）も経ずに、私人が勝手に公共の道路（道路交通法上の道路）の掘削その他の損壊行為及び閉塞行為をすることができないことを知りながら、本年2月1日から現在（本年3月8日）に至るまで、公衆の用に供されている陸路（道路）を損壊し及び閉塞して、道路として使用することができない状態にして、もって、刑法第124条第1項に規定する陸路の往来の妨害を生じさせたものである。

第3　立証方法
　1　写真A（道路を掘り返して物理的に損壊し往来を妨害している状態を示した平成○年○月○日に告発人の撮影した写真）
　2　写真B（道路に障害物を存置して道路を閉塞し往来を妨害している状態を示した平成○年○月○日に告発人の撮影した写真）
　3　参考人（目撃者）　　○○○○（○県○市○町○丁目○番○号）
　4　参考人（目撃者）　　○県○○警察署の○○○○警察官

第4　添付書類
　上記立証方法の1及び2の写真　　各1枚

第5　参考事情
　1　本件陸路に係る損壊及び閉塞行為による往来妨害行為は、本年2月1日から株式会社○○工務店（本店は○県○市○町○丁目○番○号、代表取締役○○○○）従業員が、○○○○（住所は○県○市○町○丁目○番○号、電話000-000-0000）の指示により実施しているものである。
　2　本件道路は、道路交通法第2条第1項第1号の道路（一般交通の用に供するその他の場所）に該当するものであり、若し仮に、被告発人が公共の道路において適法な工事を行う意思があると仮定すると、少なくとも、○町公共物管理条例に基づく工事許可申請をして適法な許可を得る必要があるほか、道路交通法第77条第1項第1号にも該当することから同法第77条第1項に規定する所轄警察署長の許可も必要であるにもかかわらず、被告発人は当該警察許可を取得する意思もないのである。故に本件告発人は、既に平成○年○月○日に○県○○警察署長あてに①道路交通法第77条第1項第1号（罰則は、同法第119条第1項第12号の5）、②道路交通法第

> 76条第3項（罰則は、同法第119条第1項第12号の5）各違反事件として告発状を提出しているのである。
>
> 　　　　　　　　　　　　　　　　　　　　　　　　　　　以上

(1)　「告訴状」で説明したことと同様ですが、表題を「告発状」とし、告発の用語を使用します。
(2)　犯人（被告発人）の氏名が分からない場合は、記載例のように「被告発人　不詳」として犯人について分かることを記載します。
(3)　参考事情は、捜査の参考になると思う事項を記載しますが、記載しなくてもかまいません。

Q36
告訴状・告発状は、どのように処理されるのですか

1　告訴状や告発状は捜査機関（検察官や司法警察員）へ提出しますが、持参しても受け取らない場合は、理由を尋ねてその個所を補正（訂正）して書留郵便で郵送します。捜査機関から、後日、説明を求められた場合には、証拠資料も積極的に提供して捜査に協力する必要があります。証拠書類を持参する場合には、必ず写し（コピー）を持参します。

司法警察員（巡査部長以上の階級の警察官）は、告訴または告発を受けたときは、速やかに、これに関する書類と証拠物を検察官に送付しなければならないとされています（刑事訴訟法242条）。「速やかに」送付することとされていますが、ある程度の捜査はする必要があり、必要なら逮捕や押収の強制処分もできると解されています。しかし、告訴または告発された事件は、速やかに検察官に送付する必要があることから、司法警察員が微罪処分（犯罪事実が極めて軽微で検察官に送致しない処分）をすることはできません。微罪処分とは、検察官が指定した犯罪事実が極めて軽微で処罰を必要としないと明らかに認められる事件について検察官に送致しない処分をいいます（刑事訴訟法246条、犯罪捜査規範198条）。

告訴または告発を受けた司法警察員は、一応の捜査はしますから、被害者の供述調書、被疑者（被告訴人・被告発人）の供述調書、目撃者の供述調書、告訴人や告発人の供述調書、犯行現場などの実況見分調書、捜査状況報告書、写真撮影報告書などを作成して証拠物とともに検察官へ送付します。警察官の犯罪捜査規範177条でも「取り調べを行ったときは、特に必要がないと認められる場合を除き、被疑者供述調書または参考人供述調書を作成しなければならない」と規定しています。取り調べは、大別すると、①被疑者の取り調べと②被疑者以外の者（被害者、目撃者、告訴人、告発人その他の参考人）の取り調べに分けることができますから、供述調書も、①被疑者供述調書と②参考人供述調書に分けられます。

供述調書の作成には、一般に長時間が必要ですから、参考人（告訴人、告発人ら）は時間の余裕のある日に作成してもらうことにします。告訴人や告発人

は捜査に積極的に協力しないと検察官が起訴をすることができないことになります。捜査官は、参考人が拒絶した場合を除き、供述者（参考人）が供述調書に誤りのないことを申し立てたときは、供述調書に署名押印することを求めることができるとされています（刑事訴訟法223条2項による198条5項）から認め印を持参します。供述調書は、これを参考人に閲覧させ、または読み聞かせて、誤りがないかどうかを問い、参考人が増減変更を申し立てたときは、その供述を調書に記載する必要があります（刑事訴訟法223条2項による198条4項）。

2　検察官は、告訴または告発のあった事件について捜査を遂げた後、公訴を提起し、または公訴を提起しない処分（不起訴処分）をしたときは、速やかにその旨を告訴人または告発人に対して通知する必要があります（刑事訴訟法260条）。実務上は、告訴人または告発人に対して次例のような「処分通知書」という書面が郵送されます。

処分通知書

検務第〇〇〇号
平成〇年〇月〇日

〇〇〇〇　殿

〇〇地方検察庁

検察官検事　〇〇〇〇　（印）

貴殿から平成〇年〇月〇日付け虚偽公文書作成罪、虚偽公文書行使罪で告発のあった次の被疑事件は、下記のとおり処分したので通知します。

記

1　被疑者　　①〇〇〇〇、②〇〇〇〇、③〇〇〇〇、④〇〇〇〇
2　罪名　　　虚偽有印公文書作成・同行使
3　事件番号　①平成〇年検第1－0517号、②平成〇年検第1－0518号
　　　　　　③平成〇年検第1－0519号、④平成〇年検第1－0520号
4　処分年月日　平成〇年〇月〇日
5　処分区分　　不起訴

起訴の処分がなされた場合は、例えば、傷害罪（刑法204条）で告訴をしたのに対して暴行罪（刑法208条）で起訴した場合でも不服申立の方法はありません。

一方、不起訴処分とされた場合には、検察審査会に審査申立をすることができます。

検察官は、告訴または告発のあった事件について公訴を提起しない処分をした場合において、告訴人や告発人の請求があるときは、速やかに告訴人や告発人に対して不起訴処分にした理由を告げなければならないとされています（刑事訴訟法261条）。この不起訴処分理由の告知は、実務上は、単に、①起訴猶予、②証拠不十分、③罪とならず、④嫌疑なし、⑤嫌疑不十分といった直接の理由しか通知されません。不起訴処分理由の告知を請求する場合は、電話で（口頭で）かまいませんが、文書で請求することもできます。その場合は「不起訴処分理由告知請求書」という表題の文書により不起訴処分理由を告知することを求めます。この場合には、検察官から「不起訴処分理由告知書」という書面が郵送されてきます。「不起訴処分理由告知書」を受け取った後に担当検察官に対して不起訴処分理由の説明を求めることも可能ですが、あまり役立ちません。

不起訴処分理由告知書

刑第〇〇〇号
平成〇年〇月〇日

〇〇〇〇　殿

〇〇地方検察庁
検察官検事　〇〇〇〇　（印）

貴殿の請求により下記のとおり告知します。
　　　　　　　記
貴殿から平成〇年〇月〇日告発のあった①〇〇〇〇、②〇〇〇〇、③〇〇〇〇、④〇〇〇〇に対する虚偽有印公文書作成・同行使被疑事件の不起訴処分の理由は、次のとおりです。
（不起訴処分の理由）
いずれも起訴猶予
事件番号　　①平成〇年検第1－0517号、②平成〇年検第1－0518号
　　　　　　③平成〇年検第1－0519号、④平成〇年検第1－0520号

上の「起訴猶予」とは、犯罪が成立し有罪判決が得られるだけの証拠が揃っていても、犯人の性格、年齢、境遇、犯罪の軽重、情状、犯罪後の状況を考慮

し、訴追の必要がないことを理由として検察官が不起訴とすることをいいます（刑事訴訟法248条）。このような法制度のことを起訴裁量主義とか起訴便宜主義といいます。これに対して、検察官の裁量を否定し犯罪が成立する場合には必ず起訴しなければならないとする法制度を起訴法定主義といいます。起訴裁量主義（起訴便宜主義）の裁量権の濫用や逸脱があると刑事司法は機能しなくなります。

Q37
検察官が不起訴処分にした場合は、どうするのですか

1 告訴または告発をした者は、検察官の公訴を提起しない処分（不起訴処分）について不服がある場合は、その検察官の属する検察庁の所在地を管轄する検察審査会に対して、その不起訴処分の当否の審査を申し立てることができます（検察審査会法30条）。審査の申立の費用は不要です。

検察審査会とは、検察官が起訴または不起訴とする権限を独占しているのに対して、その権限の濫用を防止する制度をいいます。ただ、検察審査会で不起訴処分が不当と議決されても、検察官は検察審査会の議決に拘束されないとされています。これでは検察審査会は役立たないので、司法制度改革審議会最終意見書では拘束力を付与すべきであると答申をしています。

検察審査会は、全国の地方裁判所や裁判所支部の置かれている場所に置かれています。検察審査会の構成員は、衆議院議員の選挙権を有する者の中からクジで選ばれた11人の検察審査員から構成されており、その11人の検察審査員が不起訴処分の当否を審査するのです（検察審査会法4条）。

検察審査会の会議は、検察審査員の全員の出席がなければ会議を開き議決をすることができないとされています（検察審査会法25条）。検察審査会の議事は過半数で決することとされていますが、起訴を相当とする議決をするには8人以上の多数によることが必要です（検察審査会法27条）。審査の結果は、①不起訴相当、②不起訴不当、③起訴相当に分かれます。①不起訴相当は不起訴処分は妥当であると判断した場合で、②不起訴不当は改めて詳しく捜査をすべきであるという場合です。③起訴相当は積極的に起訴が相当であると判断した場合で、①と②の議決は過半数で決めますが、③は8人以上の多数による必要があります。

議決は、不起訴処分をした検察官の所属する検察庁の検事正と検察官適格審査会に送られ、検事正は、議決を参考に起訴すべきであると思ったときは、公訴を提起する必要があります。審査の申立人（告訴人や告発人）に対しても、検察審査会の審査が終了し議決をした後に「議決の要旨」が郵送されてきます。検察審査会法では検察審査会の設置の目的を「公訴権の実行に関し民意を反映

せしめてその適正を図るため」というタテマエを規定していますが、いわば、告訴人や告発人に対する「ガス抜き」の制度ともいえます。

2 検察審査会へ提出する「審査申立書」の書き方は決まっていませんが、各地の地方裁判所庁舎内にある検察審査会の事務局では簡易な記入用紙を準備していますので、その審査申立書の用紙に記入して提出することもできます。しかし、その用紙の記入欄は狭くて書きにくいので、パソコンやワープロを使用できる場合には、第1章の準備書面の作り方と同様にして審査申立書を作成します。検察審査会の事務局で無料で交付される用紙に記載してある記入事項を記載すれば、様式は自由です。提出通数は、1通です。

「審査申立書」を読む検察審査員は法律の専門家ではなく、一般の市民ですから、なるべく専門用語は少なくして、分かりやすく記載することが大切です。

次の「審査申立書」の記載例（事務局交付の用紙を使用しない場合）は、Q36の「不起訴処分理由告知書」の虚偽有印公文書作成・同行使被疑事件についての「起訴猶予」の不起訴処分に対して提出した審査申立書の記載例です。

審査申立書

平成〇年〇月〇日

〇〇検察審査会　御中

　　　　　申立人　（住所）〇県〇市〇町〇丁目〇番〇号
　　　　　　　　　（氏名）　　　　〇〇〇〇　（印）
　　　　　　　　　（資格）告発人（職業）農業　66歳
　　　　　　　　　（電話）000-000-0000

検察審査会法第30条の規定に基づき下記の通り審査の申立をします。

記

第1　罪名
　1　虚偽公文書作成罪（刑法第156条）
　2　虚偽公文書行使罪（刑法第158条）

第2　不起訴処分年月日
　平成〇年〇月〇日（処分通知書は、同日付検務第〇〇〇号）

第3　不起訴処分をした検察官
　　○○地方検察庁　検察官検事　　○○○○

第4　被疑者
　1　○○○○（○県の公務員。住居・年齢は不詳）
　2　○○○○（○県の公務員。住居・年齢は不詳）
　3　○○○○（○県の公務員。住居・年齢は不詳）
　4　○○○○（○県の公務員。住居・年齢は不詳）

第5　被疑事実の要旨
　1　上記の被疑者（○県職員）らは、平成○年3月から4月までの間に○県庁消費生活協同組合から「羊毛掛敷布団セット、枕、敷布団カバー、掛布団カバー、枕カバー」を購入したかのように装ったウソの公文書を作成し、いわゆる「裏金」として、○県の公金をほしいままに使用できるように○県庁消費生活協同組合へ支払わせるために行使する目的で、職務に関して内容虚偽の公文書である会計書類（支出命令書、執行伺書など）を作成して、それらの内容虚偽の公文書を○県の会計担当部課（出納局）に提出して行使したのです。
　2　公金の中から、いわゆる裏金を作るためには、①ウソの内容の公文書（会計書類など）を作成する行為（刑法第156条の虚偽公文書作成罪に該当する行為）と②作成したウソの内容の公文書を会計担当部課へ提出して行使する行為（刑法第158条の虚偽公文書行使罪に該当する行為）の各犯罪行為を実行する必要があるのです。裏金を作るためには、少なくとも、この2種類の犯罪行為を実行しないと裏金はできないのです。裏金を横領したり、だまし取ったりする行為は、別の犯罪になります。

第6　不起訴処分を不当とする理由
　1　上記の被疑者（○県職員）らの①虚偽有印公文書作成罪と②虚偽有印公文書行使罪の各犯罪が成立することを証明する証拠は、ウソの内容を記載した(a)支出命令書、(b)執行伺書、(c)生協からの請求書のほか、(d)○県自身がウソの内容であることを認めた所属内訳表も告発人から検察官に提出しているのです。従って、検察官自身も、①虚偽有印公文書作

成罪と②虚偽有印公文書行使罪の各犯罪が成立することは認めざるを得なかったので、犯罪は成立するが諸般の事情で起訴をしないとする「起訴猶予」の処分にしてしまったのです。

2　しかし、起訴猶予の根拠となる刑事訴訟法第248条の解釈適用を誤ると、検察官は、何でも「起訴猶予」にすることができることになり、刑事訴訟法の目的である「事案の真相を明らかにし、刑罰法令を適正かつ迅速に適用実現する」ことが不可能となってしまうのです。

3　検察官が起訴猶予にできる場合は、「犯人の性格、年齢、境遇、犯罪の軽重、情状、犯罪後の状況」により起訴を必要としない場合とされていますが、これを拡大解釈して運用すると正に〇県県庁は無法地帯と化することになります。起訴することができるのに起訴をしないことができる法制度を起訴裁量主義といいますが、この裁量権の濫用や逸脱がなされると刑事訴訟法第248条の規定は、「伸び縮みのするモノサシ」のようなものになってしまいます。

4　上記の被疑者（〇県職員）らの本件犯罪は、証拠が明白であり、手口が悪質で後述する通り、〇県知事は、裏金文書の非公開処分の取消訴訟の中で、個々の職員の行為が虚偽公文書作成罪および虚偽公文書行使罪に当たるとは考えていないと居直っているのです。〇県知事の理屈は、「赤信号、皆んなで渡れば、こわくない！」というものです。検察官の論理も、同じだと思われます。皆んなで駐車違反やスピード違反をすれば、犯罪にならないというのと同じ論理なのです。このような論理がまかりとおるとすれば、正義は実現できず、検察官が公益の代表者としての機能を果たさないと言われることになります。

5　①虚偽有印公文書作成罪と②虚偽有印公文書行使罪の起訴できる期間は、犯罪行為時から7年とされていますから、平成〇年〇月まであと3年間は起訴をすることができるのです。

6　以上の理由により本件不起訴処分が不当であることは明白なのです。

第7　備考（参考事情）

1　〇県知事は、裏金を作る際の共犯に当たる民間事業者（印刷業者、文具店その他）から提出された文書について、〇県県民に一切開示せずに犯人隠匿行為を続けているのです。

2　○県知事は、裏金関係文書の非公開処分の取消訴訟の中で、県民に対して、再三、「個々の職員の行為が虚偽公文書作成罪および虚偽公文書行使罪に当たるとは考えていない」と居直っているのです。○県知事の理屈は、「赤信号、皆んなで渡ればこわくない！」という理屈なのです。つまり、皆んなで裏金を作ったのだから、皆んな責任はないという理屈なのです。

3　○県知事その他の本件裏金の調査に従事して裏金形成の事実を知った公務員は刑事訴訟法第239条第2項の規定により告発をする義務を負っているのです。一般国民は、犯罪があると思うときは、誰でも、告発をすることができると規定されていますが、公務員の場合は、その職務を行うことにより犯罪があると思うときは、告発をしなければならないのです。つまり、公務員には告発義務があるのです。この刑事訴訟法の公務員の告発義務の規定に違反した場合は、公務員の法令遵守義務違反として地方公務員法第32条違反となるのです。

以上

(1)　表題は、審査申立書とします。A4サイズの用紙に横書き・片面印刷にします。本書で説明した「訴状」や「準備書面」と同様にして作成します。
(2)　提出年月日または作成年月日を記載します。
(3)　宛て先は、申立人（告訴人・告発人）の住所地の検察審査会とします。
(4)　罪名は、検察官作成の「処分通知書」の通りに記載します。
(5)　不起訴処分年月日は、「処分通知書」の作成年月日とします。
(6)　不起訴処分をした検察官は、「処分通知書」の通りに記載します。
(7)　被疑者は、「処分通知書」の通りに記載します。
(8)　被疑事実は、告訴状や告発状の犯罪事実を記載します。法律の専門家でない一般市民に分かりやすいように記載します。
(9)　不起訴処分を不当とする理由は、もっとも重要な個所ですから、なるべく詳細に記載します。一般市民を説得することができる説明が必要です。
(10)　備考には、参考となる事情その他を記載します。

Q38
付審判請求とは、どういうことですか

1 付審判請求とは、公務員の職権濫用の罪（①職権濫用罪、②特別公務員職権濫用罪、③特別公務員暴行陵虐罪、④特別公務員職権濫用等致死傷罪など）について告訴または告発をした者が、検察官の不起訴処分に不服がある場合に、裁判所にその事件を審判に付することを請求することをいいます。この請求に理由があると裁判所が判断した場合には、その事件を審判に付する旨の決定がなされ、これによって公訴提起の効力が生じます（刑事訴訟法262条）。この手続を準起訴手続といいます。

付審判請求のできる犯罪は、次の通りです。

① 公務員職権濫用罪（公務員が、その職権を濫用して、人に義務のないことを行わせ、または権利の行使を妨害した罪。刑法193条）
② 特別公務員職権濫用罪（裁判、検察もしくは警察の職務を行う者またはこれらの職務を補助する者が、その職権を濫用して、人を逮捕し、または監禁した罪。刑法194条）
③ 特別公務員暴行陵虐罪（裁判、検察もしくは警察の職務を行う者またはこれらの職務を補助する者が、その職務を行うに当たり、被告人、被疑者その他の者に対して暴行または凌辱もしくは加虐の行為をした罪。法令により拘禁された者を看守しまたは護送する者が、その拘禁された者に対して暴行または凌辱もしくは加虐の行為をした罪。刑法195条）
④ 特別公務員職権濫用等致死傷罪（上の②③の罪を犯し、よって人を死傷させた罪。刑法196条）
⑤ 公安調査官職権濫用罪（公安調査官がその職権を濫用し、人をして義務のないことを行わせまたは行うべき権利を妨害した罪。破壊活動防止法45条）
⑥ 公安調査官・警察職員職権濫用罪（無差別大量殺人行為を行った団体の規制に関する法律に定める職権を濫用した罪。同法42・43条）

以上の6種類の犯罪について告訴または告発をした者は、検察官の公訴を提

起しない処分に不服がある場合は、その検察官所属の検察庁所在地を管轄する地方裁判所に事件を裁判所の審判に付することを請求することができます。この場合の「付審判請求書」は、不起訴処分の通知を受けた日から7日以内に公訴を提起しない処分をした検察官に差し出してしなければならないとされています（刑事訴訟法262条2項）。

　付審判請求は、検察審査会への審査申立とは無関係ですから、両者は並行してすることができます。

2　「付審判請求書」の書き方は決まっていませんが、A4サイズの用紙に告訴状や告発状と同様に横書き・片面印刷にします。2枚以上になる場合は、左側2か所をホチキスで綴じ、各頁の綴り目に認め印で契印（割り印）をします。「付審判請求書」には、裁判所の審判に付せられるべき事件の犯罪事実と証拠を記載する必要があります（刑事訴訟規則169条）。記載例は、次の通りです。

事件名　公務員職権濫用被疑事件

付審判請求書

平成○年○月○日

○○地方裁判所　御中

　　　　　　付審判請求申立人　〒000-0000○県○市○町○丁目○番○号

　　　　　　　　　　　　　　　　　　　○○○○　　（印）

　　　　　　　　　　　　　　　（職業　農業、昭和○年○月○日生）

第1　付審判請求の趣旨

　申立人は、平成○年○月○日に被疑者○○○○（○○県職員）を公務員職権濫用罪（刑法第193条）で告訴をしたところ、平成○年○月○日に○○地方検察庁検察官検事○○○○から公訴を提起しない旨の通知を受けたが、この不起訴処分に不服があるので、刑事訴訟法第262条の規定により、事件を審判に付することを請求する。

第2　申立の理由（審判に付する犯罪事実）

　　1
　　2　　　（注：公務員の職権濫用行為を告訴状や告発状に準じて記載する）

　　　　　　　　　　　　（中　略）

5　以上の通り、被疑者○○○○の犯罪事実は明らかであり、かつ、犯情に照らして起訴相当であるので、第1の付審判請求の趣旨記載の通りの裁判を求める。

第3　証拠
　1　告訴状写し
　2　○○○○の陳述書
　3　参考人　○○○○（住所○県○市○町○丁目○番○号）

第4　添付書類
　第3の証拠の1及び2の写し　　各1通

　　　　　　　　　　　　　　　　　　　　　　　　　　　以上

3　付審判請求書が不起訴処分をした検察官に提出されたときは、検察官は、付審判請求を理由があると認めるときは、公訴を提起する必要があります（刑事訴訟法264条）。一方、検察官は、付審判請求に理由がないと判断したときは、付審判請求書を裁判所へ送付します。裁判所は、付審判請求に対する審理や裁判は、合議体でしなければなりません（刑事訴訟法265条1項）。
　裁判所は、付審判請求を受けたときは、次の区分に従い決定する必要があります

① 請求が法令上の方式に違反し、もしくは請求権の消滅後にされたものであるとき、または請求が理由のないときは、請求を棄却します。
② 請求が理由のあるときは、事件を管轄地方裁判所の審判に付します。

　上の②の決定があったときは、その事件について公訴の提起があったものとみなされます（刑事訴訟法266・267条）。
　付審判請求は、その請求に対する裁判所の決定が通知されるまでは取り下げることができますが、取り下げた者は、再度、その事件について付審判請求はできません。請求の取り下げは書面でする必要があります。

4　付審判請求について裁判所の審判に付された場合には、裁判所は、その事

件について公判の維持にあたる者を弁護士の中から指定する必要があります。裁判所からこの指定を受けた弁護士は、事件について公判を維持するため、裁判の確定に至るまで検察官の職務を行います。ただし、検察事務官と司法警察職員に対する捜査の指揮は、検察官に嘱託して行うこととされています。この検察官の職務を行う弁護士は、法令により公務に従事する職員とみなされます。裁判所は、指定を受けた弁護士がその職務を行うのに適さないと認めるときその他特別の事情があるときは、いつでも、その指定を取り消すことができます。裁判所から指定を受けた弁護士には、政令で定める額の手当を支給することとしています（刑事訴訟法268条）。

資　料

全国の裁判所一覧

庁名	郵便番号	住所	電話番号
最高裁判所	102-8651	東京都千代田区隼町4-2	03-3264-8111
東京高等裁判所	100-8933	東京都千代田区霞ヶ関1-1-4	03-3581-5411
大阪高等裁判所本館	530-8521	大阪府大阪市北区西天満2-1-10	06-6363-1281
大阪高等裁判所別館	530-8521	大阪府大阪市北区西天満2-1-10	06-6363-1281
名古屋高等裁判所	460-8503	愛知県名古屋市中区三の丸1-4-1	052-203-1611
名古屋高等裁判所金沢支部	920-8655	石川県金沢市丸の内7-2	076-262-3225
広島高等裁判所	730-0012	広島県広島市中区上八丁堀2番43号	082-221-2411
広島高等裁判所岡山支部	700-0807	岡山県岡山市南方一丁目8番2号	086-222-8851
広島高等裁判所松江支部	690-8523	島根県松江市母衣町68番地	0852-23-3100
福岡高等裁判所	810-8608	福岡県福岡市中央区城内1番1号	092-781-3141
福岡高等裁判所宮崎支部	880-0803	宮崎県宮崎市旭2丁目3番13号	0985-23-2261
福岡高等裁判所那覇支部	900-0022	沖縄県那覇市樋川1丁目14番1号	098-855-3366
仙台高等裁判所	980-8638	宮城県仙台市青葉区片平1-6-1	022-222-6111
仙台高等裁判所秋田支部	010-8504	秋田県秋田市山王7-1-1	018-824-3121
札幌高等裁判所	060-0042	北海道札幌市中央区大通西11丁目	011-231-4200
高松高等裁判所	760-8586	香川県高松市丸の内1番36号	087-851-1531

東京高等裁判所管轄			
東京地方裁判所	100-8920	東京都千代田区霞が関1-1-4	03-3581-5411
東京地方裁判所　民事執行センター	152-8527	東京都目黒区目黒本町2-26-14	03-5721-4630
東京家庭裁判所	100-0013	東京都千代田区霞が関1-1-2	03-3502-8311
東京簡易裁判所	100-8971	東京都千代田区霞が関1-1-2	03-3581-5411
東京簡易裁判所墨田分室	130-0013	東京都墨田区錦糸4-16-7	03-3621-0691
東京簡易裁判所大森分室	143-0023	東京都大田区山王4-19-7	03-5742-2206
東京簡易裁判所中野分室	164-0013	東京都中野区弥生町5-5-2	03-3382-6431
東京簡易裁判所北分室	114-0023	東京都北区滝野川5-41-6	03-3910-2086
東京地方裁判所八王子支部	192-8516	東京都八王子市明神町4-21-1	0426-42-5195
東京家庭裁判所八王子支部	192-8538	東京都八王子市明神町4-21-1	0426-42-5195
八王子簡易裁判所	192-8516	東京都八王子市明神町4-21-1	0426-42-5195
東京家庭裁判所八丈島出張所	100-1401	東京都八丈町大賀郷1485-1	04996-2-0619
八丈島簡易裁判所	100-1401	東京都八丈町大賀郷1485-1	04996-2-0037
東京家庭裁判所伊豆大島出張所	100-0101	東京都大島町元町字家の上445-10	04992-2-1165
伊豆大島簡易裁判所	100-0101	東京都大島町元町字家の上445-10	04992-2-1165
新島簡易裁判所	100-0402	東京都新島村本村3-2-2	04992-5-1210
立川簡易裁判所	190-0022	東京都立川市錦町4-1-19	042-522-2805
武蔵野簡易裁判所	180-0006	東京都武蔵野市中町2-4-12	0422-52-2692
青梅簡易裁判所	198-0031	東京都青梅市師岡町1-1300-1	0428-22-2459
町田簡易裁判所	194-0022	東京都町田市森野2-28-11	042-727-5011
横浜地方裁判所	231-8502	神奈川県横浜市中区日本大通9	045-201-9631
横浜家庭裁判所	231-8585	神奈川県横浜市中区寿町1-2	045-681-4181
横浜簡易裁判所	231-0021	神奈川県横浜市中区日本大通9	045-662-6971
横浜地方裁判所川崎支部	210-8559	神奈川県川崎市川崎区富士見1-1-3	044-233-8171
横浜家庭裁判所川崎支部	210-8559	神奈川県川崎市川崎区富士見1-1-3	044-222-1315
川崎簡易裁判所	210-8559	神奈川県川崎市川崎区富士見1-1-3	044-233-8174
横浜地方裁判所相模原支部	229-0036	神奈川県相模原市富士見6-10-1	042-755-4681

横浜家庭裁判所相模原支部	229-0036	神奈川県相模原市富士見6-10-1	042-755-8661
相模原簡易裁判所	229-0036	神奈川県相模原市富士見6-10-1	042-752-2009
横浜地方裁判所横須賀支部	238-8510	神奈川県横須賀市田戸台3	046-823-1905
横浜家庭裁判所横須賀支部	238-8510	神奈川県横須賀市田戸台3	046-825-0569
横須賀簡易裁判所	238-8510	神奈川県横須賀市田戸台3	046-823-1907
横浜地方裁判所小田原支部	250-0012	神奈川県小田原市本町1-7-9	0465-22-6186
横浜家庭裁判所小田原支部	250-0012	神奈川県小田原市本町1-7-9	0465-22-6586
小田原簡易裁判所	250-0012	神奈川県小田原市本町1-7-9	0465-22-6186
神奈川簡易裁判所	221-0822	神奈川県横浜市神奈川区西神奈川1-11-1	045-321-8045
保土ヶ谷簡易裁判所	240-0062	神奈川県横浜市保土ヶ谷区岡沢町239	045-331-5991
鎌倉簡易裁判所	248-0014	神奈川県鎌倉市由比ガ浜2-23-22	0467-22-2202
藤沢簡易裁判所	251-0054	神奈川県藤沢市朝日町1-8	0466-22-2684
平塚簡易裁判所	254-0045	神奈川県平塚市見附町43-9	0463-31-0513
厚木簡易裁判所	243-0003	神奈川県厚木市寿町3-5-3	046-221-2018
さいたま地方裁判所	330-0063	埼玉県さいたま市浦和区高砂3-16-45	048-863-4111
さいたま家庭裁判所	330-0063	埼玉県さいたま市浦和区高砂3-16-45	048-863-4111
さいたま簡易裁判所	330-0063	埼玉県さいたま市浦和区高砂3-16-45	048-863-4111
さいたま地方裁判所越谷支部	343-0023	埼玉県越谷市東越谷9-34-2	048-964-2811
さいたま家庭裁判所越谷支部	343-0023	埼玉県越谷市東越谷9-34-2	048-964-2811
越谷簡易裁判所	343-0023	埼玉県越谷市東越谷9-34-2	048-964-2811
さいたま地方裁判所川越支部	350-8531	埼玉県川越市宮下町2-1-3	049-225-3500
さいたま家庭裁判所川越支部	350-8531	埼玉県川越市宮下町2-1-3	049-225-3560
川越簡易裁判所	350-8531	埼玉県川越市宮下町2-1-3	049-225-3500
さいたま地方裁判所熊谷支部	360-0041	埼玉県熊谷市宮町1-68	048-521-2474
さいたま家庭裁判所熊谷支部	360-0041	埼玉県熊谷市宮町1-68	048-521-2474
熊谷簡易裁判所	360-0041	埼玉県熊谷市宮町1-68	048-521-2474
さいたま地方裁判所秩父支部	368-0035	埼玉県秩父市上町2-9-12	0494-22-0226
さいたま家庭裁判所秩父支部	368-0035	埼玉県秩父市上町2-9-12	0494-22-0226
秩父簡易裁判所	368-0035	埼玉県秩父市上町2-9-12	0494-22-0226
川口簡易裁判所	332-0032	埼玉県川口市中青木2-22-5	048-252-3770
大宮簡易裁判所	330-0803	埼玉県さいたま市大宮区高鼻町3-140	048-641-4288
さいたま家庭裁判所久喜出張所	346-0016	埼玉県久喜市東1-15-3	0480-21-0157
久喜簡易裁判所	346-0016	埼玉県久喜市東1-15-3	0480-21-0157
さいたま家庭裁判所飯能出張所	357-0021	埼玉県飯能市大字双柳371	042-972-2342
飯能簡易裁判所	357-0021	埼玉県飯能市大字双柳371	042-972-2342
所沢簡易裁判所	359-0042	埼玉県所沢市並木6-1-4	042-996-1801
本庄簡易裁判所	367-0031	埼玉県本庄市北堀1394-3	0495-22-2514
千葉地方裁判所	260-0013	千葉県千葉市中央区中央4-11-27	043-222-0165
千葉家庭裁判所	260-0013	千葉県千葉市中央区中央4-11-27	043-222-0165
千葉簡易裁判所	260-0013	千葉県千葉市中央区中央4-11-27	043-222-0165
千葉地方裁判所佐倉支部	285-0038	千葉県佐倉市弥勒町92	043-484-1215
千葉家庭裁判所佐倉支部	285-0038	千葉県佐倉市弥勒町92	043-484-1215
佐倉簡易裁判所	285-0038	千葉県佐倉市弥勒町92	043-484-1215
千葉地方裁判所一宮支部	299-4397	千葉県長生郡一宮町一宮2791	0475-42-3531
千葉家庭裁判所一宮支部	299-4397	千葉県長生郡一宮町一宮2791	0475-42-3531
千葉一宮簡易裁判所	299-4397	千葉県長生郡一宮町一宮2791	0475-42-3531
千葉地方裁判所松戸支部	271-8522	千葉県松戸市岩瀬無番地	047-368-5141
千葉家庭裁判所松戸支部	271-8522	千葉県松戸市岩瀬無番地	047-368-5141
松戸簡易裁判所	271-8522	千葉県松戸市岩瀬無番地	047-368-5141

千葉地方裁判所木更津支部	292-0832	千葉県木更津市新田2-5-1	0438-22-3774
千葉家庭裁判所木更津支部	292-0832	千葉県木更津市新田2-5-1	0438-22-3774
木更津簡易裁判所	292-0832	千葉県木更津市新田2-5-1	0438-22-3774
千葉地方裁判所館山支部	294-0045	千葉県館山市北条1073	0470-22-2273
千葉家庭裁判所館山支部	294-0045	千葉県館山市北条1073	0470-22-2273
館山簡易裁判所	294-0045	千葉県館山市北条1073	0470-22-2273
千葉地方裁判所八日市場支部	289-2144	千葉県八日市場市イ-2760	0479-72-1300
千葉家庭裁判所八日市場支部	289-2144	千葉県八日市場市イ-2760	0479-72-1300
八日市場簡易裁判所	289-2144	千葉県八日市場市イ-2760	0479-72-1300
千葉地方裁判所佐原支部	287-0003	千葉県佐原市佐原イ-3375	0478-52-3040
千葉家庭裁判所佐原支部	287-0003	千葉県佐原市佐原イ-3375	0478-52-3040
佐原簡易裁判所	287-0003	千葉県佐原市佐原イ-3375	0478-52-3040
千葉家庭裁判所市川出張所	272-8511	千葉県市川市鬼高2-20-20	047-334-3241
市川簡易裁判所	272-8511	千葉県市川市鬼高2-20-20	047-334-3241
銚子簡易裁判所	288-0817	千葉県銚子市清川町4-9-4	0479-22-1249
東金簡易裁判所	283-0005	千葉県東金市田間2354-2	0475-52-2331
水戸地方裁判所	310-0062	茨城県水戸市大町1-1-38	029-224-0011
水戸家庭裁判所	310-0062	茨城県水戸市大町1-1-38	029-224-0011
水戸簡易裁判所	310-0062	茨城県水戸市大町1-1-38	029-224-0011
水戸地方裁判所土浦支部	300-0043	茨城県土浦市中央1-13-12	029-821-4347
水戸家庭裁判所土浦支部	300-0043	茨城県土浦市中央1-13-12	029-821-4347
土浦簡易裁判所	300-0043	茨城県土浦市中央1-13-12	029-821-4347
水戸地方裁判所下妻支部	304-0067	茨城県下妻市下妻乙99	0296-43-6781
水戸家庭裁判所下妻支部	304-0067	茨城県下妻市下妻乙99	0296-43-6781
下妻簡易裁判所	304-0067	茨城県下妻市下妻乙99	0296-43-6781
水戸地方裁判所日立支部	317-0073	茨城県日立市幸町2-10-12	0294-21-4441
水戸家庭裁判所日立支部	317-0073	茨城県日立市幸町2-10-12	0294-21-4441
日立簡易裁判所	317-0073	茨城県日立市幸町2-10-12	0294-21-4441
水戸地方裁判所龍ケ崎支部	301-0824	茨城県龍ケ崎市4918	0297-62-0100
水戸家庭裁判所龍ケ崎支部	301-0824	茨城県龍ケ崎市4918	0297-62-0100
龍ケ崎簡易裁判所	301-0824	茨城県龍ケ崎市4918	0297-62-0100
水戸地方裁判所麻生支部	311-3832	茨城県行方郡麻生町麻生143	0299-72-0091
水戸家庭裁判所麻生支部	311-3832	茨城県行方郡麻生町麻生143	0299-72-0091
麻生簡易裁判所	311-3832	茨城県行方郡麻生町麻生143	0299-72-0091
笠間簡易裁判所	309-1611	茨城県笠間市笠間1753	0296-72-0259
常陸太田簡易裁判所	313-0014	茨城県常陸太田市木崎二町2019	0294-72-0065
石岡簡易裁判所	315-0013	茨城県石岡市府中1-6-3	0299-22-2374
取手簡易裁判所	302-0004	茨城県取手市取手3-2-20	0297-72-0156
下館簡易裁判所	308-0041	茨城県下館市乙237-6	0296-22-4089
古河簡易裁判所	306-0011	茨城県古河市東3-4-20	0280-32-0291
宇都宮地方裁判所	320-8505	栃木県宇都宮市小幡1-1-38	028-621-2111
宇都宮家庭裁判所	320-8505	栃木県宇都宮市小幡1-1-38	028-621-2111
宇都宮簡易裁判所	320-8505	栃木県宇都宮市小幡1-1-38	028-621-2111
宇都宮地方裁判所真岡支部	321-4305	栃木県真岡市荒町5117-2	0285-82-2076
宇都宮家庭裁判所真岡支部	321-4305	栃木県真岡市荒町5117-2	0285-82-2076
真岡簡易裁判所	321-4305	栃木県真岡市荒町5117-2	0285-82-2076
宇都宮地方裁判所大田原支部	324-0056	栃木県大田原市中央2-3-25	0287-22-2112
宇都宮家庭裁判所大田原支部	324-0056	栃木県大田原市中央2-3-25	0287-22-2112
大田原簡易裁判所	324-0056	栃木県大田原市中央2-3-25	0287-22-2112

宇都宮地方裁判所栃木支部	328-0035	栃木県栃木市旭町16-31	0282-23-0225
宇都宮家庭裁判所栃木支部	328-0035	栃木県栃木市旭町16-31	0282-23-0225
栃木簡易裁判所	328-0035	栃木県栃木市旭町16-31	0282-23-0225
宇都宮地方裁判所足利支部	326-0057	栃木県足利市丸山町621	0284-41-3118
宇都宮家庭裁判所足利支部	326-0057	栃木県足利市丸山町621	0284-41-3118
足利簡易裁判所	326-0057	栃木県足利市丸山町621	0284-41-3118
小山簡易裁判所	323-0031	栃木県小山市八幡町1-2-11	0285-22-0536
前橋地方裁判所	371-8531	群馬県前橋市大手町3-1-34	027-231-4275
前橋家庭裁判所	371-8531	群馬県前橋市大手町3-1-34	027-231-4275
前橋簡易裁判所	371-8531	群馬県前橋市大手町3-1-34	027-231-4275
前橋地方裁判所高崎支部	370-8531	群馬県高崎市高松町26-2	027-322-3541
前橋家庭裁判所高崎支部	370-8531	群馬県高崎市高松町26-2	027-322-3541
高崎簡易裁判所	370-8531	群馬県高崎市高松町26-2	027-322-3541
前橋地方裁判所桐生支部	376-8531	群馬県桐生市相生町2-371-5	0277-53-2391
前橋家庭裁判所桐生支部	376-8531	群馬県桐生市相生町2-371-5	0277-53-2391
桐生簡易裁判所	376-8531	群馬県桐生市相生町2-371-5	0277-53-2391
前橋地方裁判所太田支部	373-8531	群馬県太田市浜町17-5	0276-45-7751
前橋家庭裁判所太田支部	373-8531	群馬県太田市浜町17-5	0276-45-7751
太田簡易裁判所	373-8531	群馬県太田市浜町17-5	0276-45-7751
前橋地方裁判所沼田支部	378-0045	群馬県沼田市材木町甲150	0278-22-2709
前橋家庭裁判所沼田支部	378-0045	群馬県沼田市材木町甲150	0278-22-3123
沼田簡易裁判所	378-0045	群馬県沼田市材木町甲150	0278-22-2709
群馬富岡簡易裁判所	370-2316	群馬県富岡市富岡1383-1	0274-62-2258
中之条簡易裁判所	377-0424	群馬県吾妻郡中之条町大字中之条町719-2	0279-75-2138
前橋家庭裁判所中之条出張所	377-0424	群馬県吾妻郡中之条町大字中之条町719-2	0279-75-2138
伊勢崎簡易裁判所	372-0031	群馬県伊勢崎市今泉町1-1216-1	0270-25-0887
館林簡易裁判所	374-0029	群馬県館林市仲町2-36	0276-72-3011
藤岡簡易裁判所	375-0024	群馬県藤岡市藤岡812-4	0274-22-0279
静岡地方裁判所	420-8633	静岡県静岡市追手町10-80	054-252-6111
静岡家庭裁判所	420-8604	静岡県静岡市城内町1-20	054-273-5454
静岡簡易裁判所	420-8633	静岡県静岡市追手町10-80	054-252-6111
静岡地方裁判所沼津支部	410-8550	静岡県沼津市御幸町21-1	055-931-6000
静岡家庭裁判所沼津支部	410-8550	静岡県沼津市御幸町21-1	055-931-6641
沼津簡易裁判所	410-8550	静岡県沼津市御幸町21-1	055-931-6000
静岡地方裁判所富士支部	417-8511	静岡県富士市中央町2-7-1	0545-52-0159
静岡家庭裁判所富士支部	417-8511	静岡県富士市中央町2-7-1	0545-52-0159
富士簡易裁判所	417-8511	静岡県富士市中央町2-7-1	0545-52-0159
静岡地方裁判所下田支部	415-8520	静岡県下田市4-7-34	0558-22-0161
静岡家庭裁判所下田支部	415-8520	静岡県下田市4-7-34	0558-22-0161
下田簡易裁判所	415-8520	静岡県下田市4-7-34	0558-22-0161
静岡地方裁判所浜松支部	432-8543	静岡県浜松市鴨江2-1-3	053-453-7155
静岡家庭裁判所浜松支部	432-8543	静岡県浜松市鴨江2-1-3	053-453-7158
浜松簡易裁判所	432-8543	静岡県浜松市鴨江2-1-3	053-453-7155
静岡地方裁判所掛川支部	436-0028	静岡県掛川市亀の甲2-16-1	0537-22-3036
静岡家庭裁判所掛川支部	436-0028	静岡県掛川市亀の甲2-16-1	0537-22-3036
掛川簡易裁判所	436-0028	静岡県掛川市亀の甲2-16-1	0537-22-3036
清水簡易裁判所	424-0809	静岡県静岡市清水天神1-6-15	0543-66-0326
静岡家庭裁判所熱海出張所	413-8505	静岡県熱海市春日町3-14	0557-81-2989
熱海簡易裁判所	413-8505	静岡県熱海市春日町3-14	0557-81-2989

裁判所名	郵便番号	住所	電話番号
三島簡易裁判所	411-0033	静岡県三島市文教町1-3-1	0559-86-0405
静岡家庭裁判所島田出張所	427-0043	静岡県島田市中溝4-11-10	0547-37-3357
島田簡易裁判所	427-0043	静岡県島田市中溝4-11-10	0547-37-3357
甲府地方裁判所	400-0032	山梨県甲府市中央1-10-7	055-235-1131
甲府家庭裁判所	400-0032	山梨県甲府市中央1-10-7	055-235-1131
甲府簡易裁判所	400-0032	山梨県甲府市中央1-10-7	055-235-1131
甲府地方裁判所都留支部	402-0052	山梨県都留市中央2-1-1	0554-43-2185
甲府家庭裁判所都留支部	402-0052	山梨県都留市中央2-1-1	0554-43-2185
都留簡易裁判所	402-0052	山梨県都留市中央2-1-1	0554-43-2185
鰍沢簡易裁判所	400-0601	山梨県南巨摩郡鰍沢町7302	0556-22-0040
富士吉田簡易裁判所	403-0012	山梨県富士吉田市旭1-1-1	0555-22-0573
長野地方裁判所	380-0846	長野県長野市旭町1108	026-232-4991
長野家庭裁判所	380-0846	長野県長野市旭町1108	026-232-4991
長野簡易裁判所	380-0846	長野県長野市旭町1108	026-232-4991
長野家庭裁判所飯山出張所	389-2253	長野県飯山市大字飯山1123	0269-62-2125
飯山簡易裁判所	389-2253	長野県飯山市大字飯山1123	0269-62-2125
長野地方裁判所上田支部	386-0023	長野県上田市中央西2-3-3	0268-22-0003
長野家庭裁判所上田支部	386-0023	長野県上田市中央西2-3-3	0268-22-0003
上田簡易裁判所	386-0023	長野県上田市中央西2-3-3	0268-22-0003
長野地方裁判所佐久支部	385-0022	長野県佐久市大字岩村田1161	0267-67-2077
長野家庭裁判所佐久支部	385-0022	長野県佐久市大字岩村田1161	0267-67-2077
佐久簡易裁判所	385-0022	長野県佐久市大字岩村田1161	0267-67-2077
長野地方裁判所松本支部	390-0873	長野県松本市丸の内10-35	0263-32-3043
長野家庭裁判所松本支部	390-0873	長野県松本市丸の内10-35	0263-32-3043
松本簡易裁判所	390-0873	長野県松本市丸の内10-35	0263-32-3043
長野家庭裁判所木曾福島出張所	397-0001	長野県木曽郡木曽福島町6205-13	0264-22-2021
木曾福島簡易裁判所	397-0001	長野県木曽郡木曽福島町6205-13	0264-22-2021
長野家庭裁判所大町出張所	398-0002	長野県大町市大字大町4222-1	0261-22-0121
大町簡易裁判所	398-0002	長野県大町市大字大町4222-1	0261-22-0121
長野地方裁判所諏訪支部	392-0004	長野県諏訪市諏訪1-24-22	0266-52-1670
長野家庭裁判所諏訪支部	392-0004	長野県諏訪市諏訪1-24-22	0266-52-1670
諏訪簡易裁判所	392-0004	長野県諏訪市諏訪1-24-22	0266-52-1670
岡谷簡易裁判所	394-0028	長野県岡谷市本町1-9-12	0266-22-3195
長野地方裁判所飯田支部	395-0015	長野県飯田市江戸町1-21	0265-22-0003
長野家庭裁判所飯田支部	395-0015	長野県飯田市江戸町1-21	0265-22-0003
飯田簡易裁判所	395-0015	長野県飯田市江戸町1-21	0265-22-0003
長野地方裁判所伊那支部	396-0021	長野県伊那市大字伊那4841	0265-72-7666
長野家庭裁判所伊那支部	396-0021	長野県伊那市大字伊那4841	0265-72-7666
伊那簡易裁判所	396-0021	長野県伊那市大字伊那4841	0265-72-7666
新潟地方裁判所	951-8511	新潟県新潟市学校町通1番町1番地	025-222-4131
新潟家庭裁判所	951-8513	新潟県新潟市川岸町1丁目54番1	025-266-3171
新潟簡易裁判所	951-8512	新潟県新潟市学校町通1番町1番地	025-222-4131
新潟地方裁判所三条支部	955-0047	新潟県三条市東三条2丁目2番2号	0256-32-1758
新潟家庭裁判所三条支部	955-0047	新潟県三条市東三条2丁目2番2号	0256-32-1758
三条簡易裁判所	955-0047	新潟県三条市東三条2丁目2番2号	0256-32-1758
新潟地方裁判所新発田支部	957-0053	新潟県新発田市中央町4丁目3番27号	0254-24-0121
新潟家庭裁判所新発田支部	957-0053	新潟県新発田市中央町4丁目3番27号	0254-24-0121
新発田簡易裁判所	957-0053	新潟県新発田市中央町4丁目3番27号	0254-24-0121
新潟地方裁判所長岡支部	940-1151	新潟県長岡市三和3丁目9番地28	0258-35-2141

新潟家庭裁判所長岡支部	940-1151	新潟県長岡市三和3丁目9番地28	0258-35-2141
長岡簡易裁判所	940-1151	新潟県長岡市三和3丁目9番地28	0258-35-2141
新潟地方裁判所高田支部	943-0838	新潟県上越市大手町1番26号	025-524-5160
新潟家庭裁判所高田支部	943-0838	新潟県上越市大手町1番26号	025-524-5160
高田簡易裁判所	943-0838	新潟県上越市大手町1番26号	025-524-5160
新潟地方裁判所佐渡支部	952-1324	新潟県佐渡市中原356番地2	0259-52-3151
新潟家庭裁判所佐渡支部	952-1324	新潟県佐渡市中原356番地2	0259-52-3151
佐渡簡易裁判所	952-1324	新潟県佐渡市中原356番地2	0259-52-3151
新津簡易裁判所	956-0000	新潟県新津市大字新津字山谷南4532番地5	0250-22-0487
新潟家庭裁判所村上出張所	958-0837	新潟県村上市三之町8番16号	0254-53-2066
村上簡易裁判所	958-0837	新潟県村上市三之町8番16号	0254-53-2066
新潟家庭裁判所十日町出張所	948-0065	新潟県十日町市子442番地	0257-52-2086
十日町簡易裁判所	948-0065	新潟県十日町市子442番地	0257-52-2086
新潟家庭裁判所柏崎出張所	945-0063	新潟県柏崎市諏訪町10番37号	0257-22-2090
柏崎簡易裁判所	945-0063	新潟県柏崎市諏訪町10番37号	0257-22-2090
新潟家庭裁判所六日町出張所	949-6623	新潟県六日町大字六日町1884番地子	025-772-2450
六日町簡易裁判所	949-6623	新潟県六日町大字六日町1884番地子	025-772-2450
新潟家庭裁判所糸魚川出張所	941-0058	新潟県糸魚川市寺町2丁目8番23号	0255-52-0058
糸魚川簡易裁判所	941-0058	新潟県糸魚川市寺町2丁目8番23号	0255-52-0058

大阪高等裁判所管轄			
大阪地方裁判所	530-8522	大阪府大阪市北区西天満2-1-10	06-6363-1281
大阪家庭裁判所	540-0008	大阪府大阪市中央区大手前4-1-13	06-6943-5321
大阪簡易裁判所	530-8523	大阪府大阪市北区西天満2-1-10	06-6363-1281
大阪地方裁判所執行部	532-8503	大阪府大阪市淀川区三国本町1-13-27	06-6350-6950
大阪地方裁判所事務局出納第二課	532-8503	大阪府大阪市淀川区三国本町1-13-27	06-6350-6966
大阪簡易裁判所交通分室	532-0005	大阪府大阪市淀川区三国本町1-13-27	06-6350-6970
大阪地方裁判所堺支部	590-8511	大阪府堺市南瓦町2-28	072-223-7001
大阪家庭裁判所堺支部	590-0078	大阪府堺市南瓦町2-28	072-223-7001
堺簡易裁判所	590-8511	大阪府堺市南瓦町2-28	072-223-7001
大阪地方裁判所岸和田支部	596-0042	大阪府岸和田市加守町4-27-2	0724-41-2400
大阪家庭裁判所岸和田支部	596-0042	大阪府岸和田市加守町4-27-2	0724-41-2400
岸和田簡易裁判所	596-0042	大阪府岸和田市加守町4-27-2	0724-41-2400
大阪池田簡易裁判所	563-0041	大阪府池田市満寿美町8-7	0727-51-2049
豊中簡易裁判所	561-0881	大阪府豊中市中桜塚3-11-2	06-6848-4551
吹田簡易裁判所	564-0036	大阪府吹田市寿町1-5-5	06-6381-1720
茨木簡易裁判所	567-0888	大阪府茨木市駅前4-4-18	0726-22-2656
東大阪簡易裁判所	577-8558	大阪府東大阪市高井田元町2-8-12	06-6788-5555
枚方簡易裁判所	573-8505	大阪府枚方市大垣内町2-9-37	072-845-1261
富田林簡易裁判所	584-0035	大阪府富田林市谷川町2-22	0721-23-2402
羽曳野簡易裁判所	583-0857	大阪府羽曳野市誉田3-15-11	0729-56-0176
佐野簡易裁判所	598-0007	大阪府泉佐野市上町1-4-5	0724-62-0676
京都地方裁判所	604-8550	京都府京都市中京区菊屋町	075-211-4111
京都家庭裁判所	606-0801	京都府京都市左京区下鴨宮河町1番地	075-722-7211
京都簡易裁判所	604-8550	京都府京都市中京区菊屋町	075-211-4111
京都地方裁判所園部支部	622-0004	京都府船井郡園部町小桜町30	0771-62-0237
京都家庭裁判所園部支部	622-0004	京都府船井郡園部町小桜町30	0771-62-0840
園部簡易裁判所	622-0004	京都府船井郡園部町小桜町30	0771-62-0237
京都地方裁判所宮津支部	626-0017	京都府宮津市字島崎2043-1	0772-22-2074

京都家庭裁判所宮津支部	626-0017	京都府宮津市字島崎2043-1	0772-22-2393
宮津簡易裁判所	626-0017	京都府宮津市字島崎2043-1	0772-22-2074
京都地方裁判所舞鶴支部	624-0853	京都府舞鶴市字南田辺小字南裏町149	0773-75-2332
京都家庭裁判所舞鶴支部	624-0853	京都府舞鶴市字南田辺小字南裏町149	0773-75-0958
舞鶴簡易裁判所	624-0853	京都府舞鶴市字南田辺小字南裏町149	0773-75-2332
京都地方裁判所福知山支部	620-0035	京都府福知山市字内記9	0773-22-2209
京都家庭裁判所福知山支部	620-0035	京都府福知山市字内記9	0773-22-3663
福知山簡易裁判所	620-0035	京都府福知山市字内記9	0773-22-2209
伏見簡易裁判所	612-8034	京都府京都市伏見区桃山町泰長老	075-601-2354
右京簡易裁判所	616-8162	京都府京都市右京区太秦蜂岡町29	075-861-1220
向日町簡易裁判所	617-0004	京都府向日市鶏冠井町西金村5-2	075-931-6043
木津簡易裁判所	619-0214	京都府相楽郡木津町大字木津小字南垣外110	0774-72-0155
宇治簡易裁判所	611-0021	京都府宇治市宇治琵琶33-3	0774-21-2394
亀岡簡易裁判所	621-0805	京都府亀岡市安町野々神31-10	0771-22-0409
峰山簡易裁判所	627-0012	京都府京丹後市峰山町杉谷288-2	0772-62-0201
神戸地方裁判所	650-8575	兵庫県神戸市中央区橘通2-2-1	078-341-7521
神戸家庭裁判所	652-0032	兵庫県神戸市兵庫区荒田町3-46-1	078-521-5221
神戸簡易裁判所	650-8565	兵庫県神戸市中央区橘通2-2-1	078-341-7521
神戸地方裁判所伊丹支部	664-8545	兵庫県伊丹市千僧1-47-1	0727-79-3071
神戸家庭裁判所伊丹支部	664-8545	兵庫県伊丹市千僧1-47-1	0727-79-3074
伊丹簡易裁判所	664-8545	兵庫県伊丹市千僧1-47-1	0727-79-3071
神戸地方裁判所尼崎支部	661-0026	兵庫県尼崎市水堂町3-2-34	06-6438-3781
神戸家庭裁判所尼崎支部	661-0026	兵庫県尼崎市水堂町3-2-34	06-6438-3781
尼崎簡易裁判所	661-0026	兵庫県尼崎市水堂町3-2-34	06-6438-3781
神戸地方裁判所明石支部	673-0881	兵庫県明石市天文町2-2-18	078-912-3231
神戸家庭裁判所明石支部	673-0881	兵庫県明石市天文町2-2-18	078-912-3233
明石簡易裁判所	673-0881	兵庫県明石市天文町2-2-18	078-912-3231
神戸地方裁判所柏原支部	669-3309	兵庫県氷上郡柏原町柏原439	0795-72-0155
神戸家庭裁判所柏原支部	669-3309	兵庫県氷上郡柏原町柏原439	0795-72-0155
柏原簡易裁判所	669-3309	兵庫県氷上郡柏原町柏原439	0795-72-0155
神戸地方裁判所姫路支部	670-0947	兵庫県姫路市北条1-250	0792-23-2721
神戸家庭裁判所姫路支部	670-0947	兵庫県姫路市北条1-250	0792-81-2011
姫路簡易裁判所	670-0947	兵庫県姫路市北条1-250	0792-23-2721
神戸地方裁判所社支部	673-1431	兵庫県加東郡社町社490-2	0795-42-0123
神戸家庭裁判所社支部	673-1431	兵庫県加東郡社町社490-2	0795-42-0432
社簡易裁判所	673-1431	兵庫県加東郡社町社490-2	0795-42-0123
神戸地方裁判所龍野支部	679-4179	兵庫県龍野市龍野町上霞城131	0791-63-3920
神戸家庭裁判所龍野支部	679-4179	兵庫県龍野市龍野町上霞城131	0791-63-3920
龍野簡易裁判所	679-4179	兵庫県龍野市龍野町上霞城131	0791-63-3920
神戸地方裁判所豊岡支部	668-0042	兵庫県豊岡市京町12-81	0796-22-2304
神戸家庭裁判所豊岡支部	668-0042	兵庫県豊岡市京町12-81	0796-22-2881
豊岡簡易裁判所	668-0042	兵庫県豊岡市京町12-81	0796-22-2304
神戸地方裁判所洲本支部	656-0024	兵庫県洲本市山手1-1-18	0799-22-3024
神戸家庭裁判所洲本支部	656-0024	兵庫県洲本市山手1-1-18	0799-25-2332
洲本簡易裁判所	656-0024	兵庫県洲本市山手1-1-18	0799-22-3024
西宮簡易裁判所	662-0918	兵庫県西宮市六湛寺町8-9	0798-35-9381
篠山簡易裁判所	669-2321	兵庫県篠山市黒岡92	0795-52-2222
加古川簡易裁判所	675-0039	兵庫県加古川市加古川町粟津759	0794-22-2650

浜坂簡易裁判所	669-6701	兵庫県美方郡浜坂町芦屋6-1	0796-82-1169
神戸家庭裁判所浜坂出張所	669-6701	兵庫県美方郡浜坂町芦屋6-1	0796-82-1169
奈良地方裁判所	630-8213	奈良県奈良市登大路町35	0742-26-1271
奈良家庭裁判所	630-8213	奈良県奈良市登大路町35	0742-26-1271
奈良簡易裁判所	630-8213	奈良県奈良市登大路町35	0742-26-1271
奈良地方裁判所葛城支部	635-8502	奈良県大和高田市大字大中101-4	0745-53-1012
奈良家庭裁判所葛城支部	635-8502	奈良県大和高田市大字大中101-4	0745-53-1012
葛城簡易裁判所	635-8502	奈良県大和高田市大字大中101-4	0745-53-1012
奈良地方裁判所五條支部	637-0043	奈良県五條市新町3-3-1	07472-3-0261
奈良家庭裁判所五條支部	637-0043	奈良県五條市新町3-3-1	07472-3-0261
五條簡易裁判所	637-0043	奈良県五條市新町3-3-1	07472-3-0261
宇陀簡易裁判所	633-2170	奈良県宇陀郡大宇陀町大字下茶2126	0745-83-0127
奈良家庭裁判所吉野出張所	638-0821	奈良県吉野郡大淀町大字下渕350-1	0747-52-2490
吉野簡易裁判所	638-0821	奈良県吉野郡大淀町大字下渕350-1	0747-52-2490
大津地方裁判所	520-0044	滋賀県大津市京町3-1-2	077-522-4281
大津家庭裁判所	520-0044	滋賀県大津市京町3-1-2	077-522-4281
大津簡易裁判所	520-0044	滋賀県大津市京町3-1-2	077-522-4281
大津地方裁判所彦根支部	522-0061	滋賀県彦根市金亀町5-50	0749-22-0167
大津家庭裁判所彦根支部	522-0061	滋賀県彦根市金亀町5-50	0749-22-0167
彦根簡易裁判所	522-0061	滋賀県彦根市金亀町5-50	0749-22-0167
大津地方裁判所長浜支部	526-0058	滋賀県長浜市南呉服町6-22	0749-62-0240
大津家庭裁判所長浜支部	526-0058	滋賀県長浜市南呉服町6-22	0749-62-0240
長浜簡易裁判所	526-0058	滋賀県長浜市南呉服町6-22	0749-62-0240
今津簡易裁判所	520-1623	滋賀県高島郡今津町今津住吉1-3-8	0740-22-2148
大津家庭裁判所今津出張所	520-1623	滋賀県高島郡今津町今津住吉1-3-8	0740-22-2148
水口簡易裁判所	528-0005	滋賀県甲賀郡水口町5675-1	0748-62-0132
八日市簡易裁判所	527-0023	滋賀県八日市市緑町8-16	0748-22-0397
和歌山地方裁判所	640-8143	和歌山県和歌山市二番丁1番地	073-422-4191
和歌山家庭裁判所	640-8143	和歌山県和歌山市二番丁1番地	073-422-4191
和歌山簡易裁判所	640-8143	和歌山県和歌山市二番丁1番地	073-422-4191
和歌山地方裁判所田辺支部	646-0033	和歌山県田辺市新屋敷町5	0739-22-2801
和歌山家庭裁判所田辺支部	646-0033	和歌山県田辺市新屋敷町5	0739-22-2801
田辺簡易裁判所	646-0033	和歌山県田辺市新屋敷町5	0739-22-2801
和歌山地方裁判所御坊支部	644-0011	和歌山県御坊市湯川町財部515-2	0738-22-0006
和歌山家庭裁判所御坊支部	644-0011	和歌山県御坊市湯川町財部515-2	0738-22-0006
御坊簡易裁判所	644-0011	和歌山県御坊市湯川町財部515-2	0738-22-0006
和歌山地方裁判所新宮支部	647-0015	和歌山県新宮市千穂3-7-13	0735-22-2007
和歌山家庭裁判所新宮支部	647-0015	和歌山県新宮市千穂3-7-13	0735-22-2007
新宮簡易裁判所	647-0015	和歌山県新宮市千穂3-7-13	0735-22-2007
湯浅簡易裁判所	643-0004	和歌山県有田郡湯浅町湯浅1794-31	0737-62-2473
和歌山家庭裁判所妙寺出張所	649-7113	和歌山県伊都郡かつらぎ町妙寺111	0736-22-0033
妙寺簡易裁判所	649-7113	和歌山県伊都郡かつらぎ町妙寺111	0736-22-0033
橋本簡易裁判所	648-0072	和歌山県橋本市東家5-2-4	0736-32-0314
串本簡易裁判所	649-3503	和歌山県西牟婁郡串本町串本1531-1	0735-62-0212

名古屋高等裁判所管内

名古屋地方裁判所	460-8504	愛知県名古屋市中区三の丸1-4-1	052-203-1611
名古屋家庭裁判所	460-0001	愛知県名古屋市中区三の丸1-7-1	052-223-3411
名古屋簡易裁判所民事部	460-8505	愛知県名古屋市中区三の丸1-7-1	052-203-1611

名古屋簡易裁判所刑事部	460-0001	愛知県名古屋市中区三の丸1-4-1	052-203-1611
名古屋地方裁判所執行部・名古屋簡易裁判所交通部	460-8509	愛知県名古屋市中区三の丸1-7-4	052-205-1231
名古屋地方裁判所岡崎支部	444-8554	愛知県岡崎市明大寺町奈良井3	0564-51-4521
名古屋家庭裁判所岡崎支部	444-8550	愛知県岡崎市明大寺町奈良井3	0564-51-4521
岡崎簡易裁判所	444-8554	愛知県岡崎市明大寺町奈良井3	0564-51-4521
名古屋地方裁判所豊橋支部	440-0884	愛知県豊橋市大国町110	0532-52-3141
名古屋家庭裁判所豊橋支部	440-0884	愛知県豊橋市大国町110	0532-52-3141
豊橋簡易裁判所	440-0884	愛知県豊橋市大国町110	0532-52-3141
名古屋地方裁判所一宮支部	491-0842	愛知県一宮市公園通り4-17	0586-73-3101
名古屋家庭裁判所一宮支部	491-0842	愛知県一宮市公園通り4-17	0586-73-3101
一宮簡易裁判所	491-0842	愛知県一宮市公園通り4-17	0586-73-3101
名古屋地方裁判所半田支部	475-0902	愛知県半田市宮路町200-2	0569-21-0259
名古屋家庭裁判所半田支部	475-0902	愛知県半田市宮路町200-2	0569-21-0259
半田簡易裁判所	475-0902	愛知県半田市宮路町200-2	0569-21-0259
春日井簡易裁判所	486-0915	愛知県春日井市八幡町1-1	0568-31-2262
瀬戸簡易裁判所	489-0805	愛知県瀬戸市陶原町5-73	0561-82-4815
津島簡易裁判所	496-0047	愛知県津島市西柳原町3-11	0567-26-2746
犬山簡易裁判所	484-0000	愛知県犬山市松本町2-12	0568-61-0390
安城簡易裁判所	446-8526	愛知県安城市横山町毛賀知24-2	0566-76-3461
豊田簡易裁判所	471-0869	愛知県豊田市十塚町1-25-1	0565-32-0329
新城簡易裁判所	441-1387	愛知県新城市北畑40-2	0536-22-0059
津地方裁判所	514-8526	三重県津市中央3-1	059-226-4171
津家庭裁判所	514-8526	三重県津市中央3-1	059-226-4171
津簡易裁判所	514-8526	三重県津市中央3-1	059-226-4171
津地方裁判所松阪支部	515-8525	三重県松阪市中央町36-1	0598-51-0542
津家庭裁判所松阪支部	515-8525	三重県松阪市中央町36-1	0598-51-0542
松阪簡易裁判所	515-8525	三重県松阪市中央町36-1	0598-51-0542
津地方裁判所上野支部	518-0873	三重県上野市丸之内130-1	0595-21-0002
津家庭裁判所上野支部	518-0873	三重県上野市丸之内130-1	0595-21-0002
上野簡易裁判所	518-0873	三重県上野市丸之内130-1	0595-21-0002
津地方裁判所四日市支部	510-8526	三重県四日市市三栄町1-22	0593-52-7151
津家庭裁判所四日市支部	510-8526	三重県四日市市三栄町1-22	0593-52-7151
四日市簡易裁判所	510-8526	三重県四日市市三栄町1-22	0593-52-7151
津地方裁判所伊勢支部	516-8533	三重県伊勢市岡本1-2-6	0596-28-3135
津家庭裁判所伊勢支部	516-8533	三重県伊勢市岡本1-2-6	0596-28-3135
伊勢簡易裁判所	516-8533	三重県伊勢市岡本1-2-6	0596-28-3135
津地方裁判所熊野支部	519-4396	三重県熊野市井戸町赤坂784	0597-85-2145
津家庭裁判所熊野支部	519-4396	三重県熊野市井戸町赤坂784	0597-85-2145
熊野簡易裁判所	519-4396	三重県熊野市井戸町赤坂784	0597-85-2145
鈴鹿簡易裁判所	513-0801	三重県鈴鹿市神戸3-25-3	0593-82-0471
桑名簡易裁判所	511-0032	三重県桑名市吉之丸12	0594-22-0890
津家庭裁判所尾鷲出張所	519-3615	三重県尾鷲市中央町6-23	0597-22-0448
尾鷲簡易裁判所	519-3615	三重県尾鷲市中央町6-23	0597-22-0448
岐阜地方裁判所	500-8710	岐阜県岐阜市美江寺町2-4-1	058-262-5121
岐阜家庭裁判所	500-8710	岐阜県岐阜市美江寺町2-4-1	058-262-5121
岐阜簡易裁判所	500-8710	岐阜県岐阜市美江寺町2-4-1	058-262-5121
岐阜地方裁判所大垣支部	503-0888	岐阜県大垣市丸の内1-22	0584-78-6184
岐阜家庭裁判所大垣支部	503-0888	岐阜県大垣市丸の内1-22	0584-78-6184

大垣簡易裁判所	503-0888	岐阜県大垣市丸の内1-22	0584-78-6184
岐阜地方裁判所高山支部	506-0009	岐阜県高山市花岡町2-63-3	0577-32-1140
岐阜家庭裁判所高山支部	506-0009	岐阜県高山市花岡町2-63-3	0577-32-1140
高山簡易裁判所	506-0009	岐阜県高山市花岡町2-63-3	0577-32-1140
岐阜地方裁判所多治見支部	507-0023	岐阜県多治見市小田町1-22-1	0572-22-0698
岐阜家庭裁判所多治見支部	507-0023	岐阜県多治見市小田町1-22-1	0572-22-0698
多治見簡易裁判所	507-0023	岐阜県多治見市小田町1-22-1	0572-22-0698
岐阜地方裁判所御嵩支部	505-0116	岐阜県可児郡御嵩町御嵩1177	0574-67-3111
岐阜家庭裁判所御嵩支部	505-0116	岐阜県可児郡御嵩町御嵩1177	0574-67-3111
御嵩簡易裁判所	505-0116	岐阜県可児郡御嵩町御嵩1177	0574-67-3111
岐阜家庭裁判所八幡出張所	501-4213	岐阜県郡上市八幡町殿町63-2	0575-65-2265
八幡簡易裁判所	501-4213	岐阜県郡上市八幡町殿町63-2	0575-65-2265
岐阜家庭裁判所中津川出張所	508-0045	岐阜県中津川市かやの木町4-2	0573-66-1530
中津川簡易裁判所	508-0045	岐阜県中津川市かやの木町4-2	0573-66-1530
福井地方裁判所	910-8524	福井県福井市春山1-1-1	0776-22-5000
福井家庭裁判所	910-8524	福井県福井市春山1-1-1	0776-22-5000
福井簡易裁判所	910-8524	福井県福井市春山1-1-1	0776-22-5000
福井地方裁判所武生支部	915-8524	福井県武生市日野美2-6	0778-23-0050
福井家庭裁判所武生支部	915-8524	福井県武生市日野美2-6	0778-23-0050
武生簡易裁判所	915-8524	福井県武生市日野美2-6	0778-23-0050
福井地方裁判所敦賀支部	914-8524	福井県敦賀市松栄町6-10	0770-22-0812
福井家庭裁判所敦賀支部	914-8524	福井県敦賀市松栄町6-10	0770-22-0812
敦賀簡易裁判所	914-8524	福井県敦賀市松栄町6-10	0770-22-0812
大野簡易裁判所	912-8524	福井県大野市城町1-5	0779-66-2120
小浜簡易裁判所	917-8524	福井県小浜市城内1-1-2	0770-52-0003
金沢地方裁判所	920-8655	石川県金沢市丸の内7-2	076-262-3221
金沢家庭裁判所	920-0937	石川県金沢市丸の内7-1	076-221-3111
金沢簡易裁判所	920-8655	石川県金沢市丸の内7-2	076-262-3221
金沢地方裁判所小松支部	923-8541	石川県小松市小馬出町11	0761-22-8540
金沢家庭裁判所小松支部	923-8541	石川県小松市小馬出町11	0761-22-8540
小松簡易裁判所	923-8541	石川県小松市小馬出町11	0761-22-8540
金沢地方裁判所七尾支部	926-8541	石川県七尾市馬出町ハ部1-2	0767-52-3135
金沢家庭裁判所七尾支部	926-8541	石川県七尾市馬出町ハ部1-2	0767-52-3135
七尾簡易裁判所	926-8541	石川県七尾市馬出町ハ部1-2	0767-52-3135
金沢地方裁判所輪島支部	928-8541	石川県輪島市河井町15部49-2	0768-22-0053
金沢家庭裁判所輪島支部	928-8541	石川県輪島市河井町15部49-2	0768-22-0053
輪島簡易裁判所	928-8541	石川県輪島市河井町15部49-2	0768-22-0053
金沢家庭裁判所珠洲出張所	927-1297	石川県珠洲市上戸町北方い46-3	0768-82-0218
珠洲簡易裁判所	927-1297	石川県珠洲市上戸町北方い46-3	0768-82-0218
富山地方裁判所	939-8502	富山県富山市西田地方町2-9-1	076-421-6131
富山家庭裁判所	939-8502	富山県富山市西田地方町2-9-1	076-421-6131
富山簡易裁判所	939-8502	富山県富山市西田地方町2-9-1	076-421-6131
富山地方裁判所魚津支部	937-0866	富山県魚津市本町1-10-60	0765-22-0160
富山家庭裁判所魚津支部	937-0866	富山県魚津市本町1-10-60	0765-22-0160
魚津簡易裁判所	937-0866	富山県魚津市本町1-10-60	0765-22-0160
富山地方裁判所高岡支部	933-8546	富山県高岡市中川本町10-6	0766-22-5151
富山家庭裁判所高岡支部	933-8546	富山県高岡市中川本町10-6	0766-22-5151
高岡簡易裁判所	933-8546	富山県高岡市中川本町10-6	0766-22-5151
富山家庭裁判所砺波出張所	939-1367	富山県砺波市広上町8-24	0763-32-2118

砺波簡易裁判所	939-1367	富山県砺波市広上町8-24		0763-32-2118

広島高等裁判所管内

広島地方裁判所	730-0012	広島県広島市中区上八丁堀2番43号	代表	082-228-0421
広島家庭裁判所	730-0012	広島県広島市中区上八丁堀1番6号		082-228-0494
広島簡易裁判所	730-0012	広島県広島市中区上八丁堀2番43号	代表	082-228-0421
広島地方裁判所呉支部	737-0811	広島県呉市西中央4-1-46	代表	0823-21-4991
広島家庭裁判所呉支部	737-0811	広島県呉市西中央4-1-46		0823-21-4993
呉簡易裁判所	737-0811	広島県呉市西中央4-1-46	代表	0823-21-4991
広島地方裁判所尾道支部	722-0014	広島県尾道市新浜1-12-4	代表	0848-22-5285
広島家庭裁判所尾道支部	722-0014	広島県尾道市新浜1-12-4		0848-22-5286
尾道簡易裁判所	722-0014	広島県尾道市新浜1-12-4	代表	0848-22-5285
広島地方裁判所福山支部	720-0031	広島県福山市三吉町1-7-1	代表	084-923-2890
広島家庭裁判所福山支部	720-0031	広島県福山市三吉町1-7-1		084-923-2810
福山簡易裁判所	720-0031	広島県福山市三吉町1-7-1	代表	084-923-2890
広島地方裁判所三次支部	728-0021	広島県三次市三次町1725-1	代表	0824-63-5141
広島家庭裁判所三次支部	728-0021	広島県三次市三次町1725-1		0824-63-5169
三次簡易裁判所	728-0021	広島県三次市三次町1725-1	代表	0824-63-5141
東広島簡易裁判所	739-0012	広島県東広島市西条朝日町5-23		0824-22-2279
可部簡易裁判所	731-0221	広島県広島市安佐北区可部4-12-24		082-812-2205
大竹簡易裁判所	739-0614	広島県大竹市白石1-7-6		0827-52-2309
竹原簡易裁判所	725-0021	広島県竹原市竹原町3553		0846-22-2059
府中簡易裁判所	726-0002	広島県府中市鵜飼町542-13		0847-45-3268
庄原簡易裁判所	727-0013	広島県庄原市西本町1-19-8		0824-72-0217
山口地方裁判所	753-0048	山口県山口市駅通り1-6-1		083-922-1330
山口家庭裁判所	753-0048	山口県山口市駅通り1-6-1		083-922-1330
山口簡易裁判所	753-0048	山口県山口市駅通り1-6-1		083-922-1330
山口地方裁判所周南支部	745-0071	山口県周南市岐山通り2-5		0834-21-2610
山口家庭裁判所周南支部	745-0071	山口県周南市岐山通り2-5		0834-21-2610
周南簡易裁判所	745-0071	山口県周南市岐山通り2-5		0834-21-2610
山口地方裁判所萩支部	758-0041	山口県萩市大字江向469		0838-22-0047
山口家庭裁判所萩支部	758-0041	山口県萩市大字江向469		0838-22-0047
萩簡易裁判所	758-0041	山口県萩市大字江向469		0838-22-0047
山口地方裁判所岩国支部	741-0061	山口県岩国市錦見1-16-45		0827-41-0161
山口家庭裁判所岩国支部	741-0061	山口県岩国市錦見1-16-45		0827-41-0161
岩国簡易裁判所	741-0061	山口県岩国市錦見1-16-45		0827-41-0161
山口地方裁判所下関支部	750-0009	山口県下関市上田中町8-2-2		0832-22-4076
山口家庭裁判所下関支部	750-0009	山口県下関市上田中町8-2-2		0832-22-4076
下関簡易裁判所	750-0009	山口県下関市上田中町8-2-2		0832-22-4076
山口地方裁判所宇部支部	755-0033	山口県宇部市琴芝町2-2-35		0836-21-3197
山口家庭裁判所宇部支部	755-0033	山口県宇部市琴芝町2-2-35		0836-21-3197
宇部簡易裁判所	755-0033	山口県宇部市琴芝町2-2-35		0836-21-3197
防府簡易裁判所	747-0809	山口県防府市寿町6-40		0835-22-0969
長門簡易裁判所	759-4101	山口県長門市東深川1342-2		0837-22-2708
山口家庭裁判所柳井出張所	742-0021	山口県柳井市山根10番20号		0820-22-0270
柳井簡易裁判所	742-0021	山口県柳井市山根10番20号		0820-22-0270
山口家庭裁判所船木出張所	757-0216	山口県厚狭郡楠町大字船木183		0836-67-0036
船木簡易裁判所	757-0216	山口県厚狭郡楠町大字船木183		0836-67-0036
岡山地方裁判所	700-0807	岡山県岡山市南方1-8-42		086-222-6771

岡山家庭裁判所	700-0807	岡山県岡山市南方1-8-42	086-222-6771
岡山簡易裁判所	700-0807	岡山県岡山市南方1-8-42	086-222-6771
岡山地方裁判所倉敷支部	710-8558	岡山県倉敷市幸町3-33	086-422-1038
岡山家庭裁判所倉敷支部	710-8558	岡山県倉敷市幸町3-33	086-422-1038
倉敷簡易裁判所	710-8558	岡山県倉敷市幸町3-33	086-422-1038
岡山地方裁判所新見支部	718-0011	岡山県新見市新見1222	0867-72-0042
岡山家庭裁判所新見支部	718-0011	岡山県新見市新見1222	0867-72-0042
新見簡易裁判所	718-0011	岡山県新見市新見1222	0867-72-0042
岡山地方裁判所津山支部	708-0051	岡山県津山市椿高下52	0868-22-9326
岡山家庭裁判所津山支部	708-0051	岡山県津山市椿高下52	0868-22-9326
津山簡易裁判所	708-0051	岡山県津山市椿高下52	0868-22-9326
玉野簡易裁判所	706-0011	岡山県玉野市宇野2-2-1	0863-21-2908
児島簡易裁判所	711-0911	岡山県倉敷市児島小川1-4-14	086-473-1400
玉島簡易裁判所	713-8102	岡山県倉敷市玉島1-2-43	086-522-3074
笠岡簡易裁判所	714-0081	岡山県笠岡市笠岡1732	0865-62-2234
高梁簡易裁判所	716-0013	岡山県高梁市片原町1	0866-22-2051
勝山簡易裁判所	717-0013	岡山県真庭郡勝山町大字勝山628	0867-44-2040
鳥取地方裁判所	680-0011	鳥取県鳥取市東町2丁目223番地	0857-22-2171
鳥取家庭裁判所	680-0011	鳥取県鳥取市東町2丁目223番地	0857-22-2171
鳥取簡易裁判所	680-0011	鳥取県鳥取市東町2丁目223番地	0857-22-2171
鳥取地方裁判所倉吉支部	682-0824	鳥取県倉吉市仲ノ町734番地	0858-22-2911
鳥取家庭裁判所倉吉支部	682-0824	鳥取県倉吉市仲ノ町734番地	0858-22-2911
倉吉簡易裁判所	682-0824	鳥取県倉吉市仲ノ町734番地	0858-22-2911
鳥取地方裁判所米子支部	683-0826	鳥取県米子市西町62番地	0859-22-2205
鳥取家庭裁判所米子支部	683-0826	鳥取県米子市西町62番地	0859-22-2205
米子簡易裁判所	683-0826	鳥取県米子市西町62番地	0859-22-2205
松江地方裁判所	690-8523	島根県松江市母衣町68番地	0852-23-1701
松江家庭裁判所	690-8523	島根県松江市母衣町68番地	0852-23-1701
松江簡易裁判所	690-8523	島根県松江市母衣町68番地	0852-23-1701
松江地方裁判所出雲支部	693-8523	島根県出雲市今市町797番地2	0853-21-2114
松江家庭裁判所出雲支部	693-8523	島根県出雲市今市町797番地2	0853-21-2114
出雲簡易裁判所	693-8523	島根県出雲市今市町797番地2	0853-21-2114
松江地方裁判所浜田支部	697-0027	島根県浜田市殿町980番地	0855-22-0678
松江家庭裁判所浜田支部	697-0027	島根県浜田市殿町980番地	0855-22-0678
浜田簡易裁判所	697-0027	島根県浜田市殿町980番地	0855-22-0678
松江地方裁判所益田支部	698-0021	島根県益田市幸町6番60号	0856-22-0365
松江家庭裁判所益田支部	698-0021	島根県益田市幸町6番60号	0856-22-0365
益田簡易裁判所	698-0021	島根県益田市幸町6番60号	0856-22-0365
松江地方裁判所西郷支部	685-0015	島根県隠岐郡西郷町大字港町字指向5番地1	08512-2-0005
松江家庭裁判所西郷支部	685-0015	島根県隠岐郡西郷町大字港町字指向5番地1	08512-2-0005
西郷簡易裁判所	685-0015	島根県隠岐郡西郷町大字港町字指向5番地1	08512-2-0005
松江家庭裁判所木次出張所	699-1332	島根県大原郡木次町大字木次980番地	0854-42-0275
木次簡易裁判所	699-1332	島根県大原郡木次町大字木次980番地	0854-42-0275
松江家庭裁判所川本出張所	696-0001	島根県邑智郡川本町大字川本340番地	0855-72-0045
川本簡易裁判所	696-0001	島根県邑智郡川本町大字川本340番地	0855-72-0045

福岡高等裁判所管内

福岡地方裁判所	810-8653	福岡県福岡市中央区城内1-1	092-781-3141
福岡家庭裁判所	810-8652	福岡県福岡市中央区大手門1-7-1	092-711-9651

福岡簡易裁判所	810-8653	福岡県福岡市中央区城内1-1	092-781-3141
福岡地方裁判所飯塚支部	820-8506	福岡県飯塚市新立岩10-29	0948-22-1150
福岡家庭裁判所飯塚支部	820-8506	福岡県飯塚市新立岩10-29	0948-22-1150
飯塚簡易裁判所	820-8506	福岡県飯塚市新立岩10-29	0948-22-1150
福岡地方裁判所直方支部	822-0014	福岡県直方市丸山町1-4	0949-22-0522
福岡家庭裁判所直方支部	822-0014	福岡県直方市丸山町1-4	0949-22-0522
直方簡易裁判所	822-0014	福岡県直方市丸山町1-4	0949-22-0522
福岡地裁裁判所久留米支部	830-8512	福岡県久留米市篠山町21	0942-32-5387
福岡家庭裁判所久留米支部	830-8512	福岡県久留米市篠山町21	0942-32-5387
久留米簡易裁判所	830-8512	福岡県久留米市篠山町21	0942-32-5387
福岡地方裁判所柳川支部	832-0045	福岡県柳川市大字本町4	0944-72-3832
福岡家庭裁判所柳川支部	832-0045	福岡県柳川市大字本町4	0944-72-3121
柳川簡易裁判所	832-0045	福岡県柳川市大字本町4	0944-72-3121
福岡地方裁判所大牟田支部	836-0052	福岡県大牟田市白金町101	0944-53-3503
福岡家庭裁判所大牟田支部	836-0052	福岡県大牟田市白金町101	0944-53-3504
大牟田簡易裁判所	836-0052	福岡県大牟田市白金町101	0944-53-3503
福岡地方裁判所八女支部	834-0031	福岡県八女市大字本町537-4	0943-23-4036
福岡家庭裁判所八女支部	834-0031	福岡県八女市大字本町537-4	0943-23-4036
八女簡易裁判所	834-0031	福岡県八女市大字本町537-4	0943-23-4036
福岡地方裁判所小倉支部	803-8532	福岡県北九州市小倉北区金田1-4-1	093-561-3431
福岡家庭裁判所小倉支部	803-8532	福岡県北九州市小倉北区金田1-4-1	093-561-3431
小倉簡易裁判所	803-8532	福岡県北九州市小倉北区金田1-4-1	093-561-3431
福岡地方裁判所行橋支部	824-0001	福岡県行橋市行事1-8-23	0930-22-0035
福岡家庭裁判所行橋支部	824-0001	福岡県行橋市行事1-8-23	0930-22-0036
行橋簡易裁判所	824-0001	福岡県行橋市行事1-8-23	0930-22-0035
福岡地方裁判所田川支部	826-8567	福岡県田川市千代町1-5	0947-42-0163
福岡家庭裁判所田川支部	826-8567	福岡県田川市千代町1-5	0947-42-0163
田川簡易裁判所	826-8567	福岡県田川市千代町1-5	0947-42-0163
宗像簡易裁判所	811-3431	福岡県宗像市大字田熊528-1	0940-36-2024
福岡家庭裁判所甘木出張所	838-0061	福岡県甘木市大字菩提寺571	0946-22-2113
甘木簡易裁判所	838-0061	福岡県甘木市大字菩提寺571	0946-22-2113
吉井簡易裁判所	839-1321	福岡県浮羽郡吉井町343-6	09437-5-3271
折尾簡易裁判所	807-0825	福岡県北九州市八幡西区折尾4-29-6	093-691-0229
佐賀地方裁判所	840-0833	佐賀県佐賀市中の小路3-22	0952-23-3161
佐賀家庭裁判所	840-0833	佐賀県佐賀市中の小路3-22	0952-23-3161
佐賀簡易裁判所	840-0833	佐賀県佐賀市中の小路3-22	0952-23-3161
佐賀地方裁判所武雄支部	843-0022	佐賀県武雄市武雄町大字武雄5660	0954-22-2159
佐賀家庭裁判所武雄支部	843-0022	佐賀県武雄市武雄町大字武雄5660	0954-22-2159
武雄簡易裁判所	843-0022	佐賀県武雄市武雄町大字武雄5660	0954-22-2159
佐賀地方裁判所唐津支部	847-0012	佐賀県唐津市大名小路1-1	0955-72-2138
佐賀家庭裁判所唐津支部	847-0012	佐賀県唐津市大名小路1-1	0955-72-2138
唐津簡易裁判所	847-0012	佐賀県唐津市大名小路1-1	0955-72-2138
鳥栖簡易裁判所	841-0036	佐賀県鳥栖市秋葉町3-28-1	0942-82-2212
佐賀家庭裁判所鹿島出張所	849-1311	佐賀県鹿島市大字高津原3575	0954-62-2870
鹿島簡易裁判所	849-1311	佐賀県鹿島市大字高津原3575	0954-62-2870
伊万里簡易裁判所	848-0027	佐賀県伊万里市立花町4107	0955-23-3340
長崎地方裁判所	850-8503	長崎県長崎市万才町9-26	095-822-6151
長崎家庭裁判所	850-0033	長崎県長崎市万才町6-25	095-822-6151
長崎簡易裁判所	850-0033	長崎県長崎市万才町6-25	095-822-6151

長崎地方裁判所大村支部	856-0831	長崎県大村市東本町287	0957-52-3501
長崎家庭裁判所大村支部	856-0831	長崎県大村市東本町287	0957-52-3501
大村簡易裁判所	856-0831	長崎県大村市東本町287	0957-52-3501
長崎地方裁判所島原支部	855-0036	長崎県島原市城内1-1195-1	0957-62-3151
長崎家庭裁判所島原支部	855-0036	長崎県島原市城内1-1195-1	0957-62-3151
島原簡易裁判所	855-0036	長崎県島原市城内1-1195-1	0957-62-3151
長崎地方裁判所佐世保支部	857-0805	長崎県佐世保市光月町9-4	0956-22-9175
長崎家庭裁判所佐世保支部	857-0805	長崎県佐世保市光月町9-4	0956-22-9175
佐世保簡易裁判所	857-0805	長崎県佐世保市光月町9-4	0956-22-9175
長崎地方裁判所平戸支部	859-5153	長崎県平戸市戸石川町460	0950-22-2004
長崎家庭裁判所平戸支部	859-5153	長崎県平戸市戸石川町460	0950-22-2004
平戸簡易裁判所	859-5153	長崎県平戸市戸石川町460	0950-22-2004
長崎地方裁判所壱岐支部	811-5133	長崎県壱岐市郷ノ浦町本村触624－1	0920-47-1019
長崎家庭裁判所壱岐支部	811-5133	長崎県壱岐市郷ノ浦町本村触624-1	0920-47-1019
壱岐簡易裁判所	811-5133	長崎県壱岐市郷ノ浦町本村触624-1	0920-47-1019
長崎地方裁判所福江支部	853-0001	長崎県福江市栄町1-7	0959-72-3315
長崎家庭裁判所福江支部	853-0001	長崎県福江市栄町1-7	0959-72-3315
福江簡易裁判所	853-0001	長崎県福江市栄町1-7	0959-72-3315
長崎地方裁判所厳原支部	817-0013	長崎県対馬市厳原町中村642-1	0920-52-0067
長崎家庭裁判所厳原支部	817-0013	長崎県対馬市厳原町中村642-1	0920-52-0067
厳原簡易裁判所	817-0013	長崎県対馬市厳原町中村642-1	0920-52-0067
諫早簡易裁判所	854-0071	長崎県諫早市永昌東町24-12	0957-22-0421
長崎家庭裁判所諫早出張所	854-0071	長崎県諫早市永昌東町24-12	0957-22-0421
有川簡易裁判所	857-4211	長崎県南松浦郡有川町有川郷2276-5	0959-42-0044
長崎家庭裁判所有川出張所	857-4211	長崎県南松浦郡有川町有川郷2276-5	0959-42-0044
上県簡易裁判所	817-1602	長崎県対馬市上県町佐須奈甲639-22	0920-84-2037
長崎家庭裁判所上県出張所	817-1602	長崎県対馬市上県町佐須奈甲639-22	09208-4-2037
大分地方裁判所	870-8564	大分県大分市荷揚町7-15	097-532-7161
大分家庭裁判所	870-8564	大分県大分市荷揚町7-15	097-532-7161
大分簡易裁判所	870-8564	大分県大分市荷揚町7-15	097-532-7161
別府簡易裁判所	874-0908	大分県別府市上田の湯町4-8	0977-22-0519
臼杵簡易裁判所	875-0041	大分県臼杵市大字臼杵101-2	0972-62-2874
大分地方裁判所杵築支部	873-0001	大分県杵築市大字杵築1180	0978-62-2052
大分家庭裁判所杵築支部	873-0001	大分県杵築市大字杵築1180	0978-62-2052
杵築簡易裁判所	873-0001	大分県杵築市大字杵築1180	0978-62-2052
大分地方裁判所佐伯支部	876-0815	大分県佐伯市野岡町2-13-2	0972-22-0168
大分家庭裁判所佐伯支部	876-0815	大分県佐伯市野岡町2-13-2	0972-22-0168
佐伯簡易裁判所	876-0815	大分県佐伯市野岡町2-13-2	0972-22-0168
大分地方裁判所竹田支部	878-0013	大分県竹田市大字竹田2065-1	0974-63-2040
大分家庭裁判所竹田支部	878-0013	大分県竹田市大字竹田2065-1	0974-63-2040
竹田簡易裁判所	878-0013	大分県竹田市大字竹田2065-1	0974-63-2040
大分地方裁判所中津支部	871-0050	大分県中津市二ノ丁1260	0979-22-2115
大分家庭裁判所中津支部	871-0050	大分県中津市二ノ丁1260	0979-22-2115
中津簡易裁判所	871-0050	大分県中津市二ノ丁1260	0979-22-2115
大分家庭裁判所豊後高田出張所	879-0606	大分県豊後高田市大字玉津894	0978-22-2061
豊後高田簡易裁判所	879-0606	大分県豊後高田市大字玉津894	0978-22-2061
大分地方裁判所日田支部	877-0012	大分県日田市淡窓1-1-53	0973-23-3145
大分家庭裁判所日田支部	877-0012	大分県日田市淡窓1-1-53	0973-23-3145
日田簡易裁判所	877-0012	大分県日田市淡窓1-1-53	0973-23-3145

熊本地方裁判所	860-8513	熊本県熊本市京町1-13-11	096-325-2121
熊本家庭裁判所	860-0001	熊本県熊本市千葉城町3-31	096-355-6121
熊本簡易裁判所	860-8531	熊本県熊本市京町1-13-11	096-325-2121
三角簡易裁判所	869-3205	熊本県宇土郡三角町波多438-18	0964-52-2149
荒尾簡易裁判所	864-0041	熊本県荒尾市荒尾1588	0968-63-0164
熊本地方裁判所玉名支部	865-0051	熊本県玉名市繁根木54-8	0968-72-3037
熊本家庭裁判所玉名支部	865-0051	熊本県玉名市繁根木54-8	0968-72-2384
玉名簡易裁判所	865-0051	熊本県玉名市繁根木54-8	0968-72-3037
熊本地方裁判所山鹿支部	861-0501	熊本県山鹿市山鹿280	0968-44-5141
熊本家庭裁判所山鹿支部	861-0501	熊本県山鹿市山鹿280	0968-44-5141
山鹿簡易裁判所	861-0501	熊本県山鹿市山鹿280	0968-44-5141
熊本地方裁判所宮地支部	869-2612	熊本県阿蘇郡一の宮町宮地2476-1	0967-22-0063
熊本家庭裁判所宮地支部	869-2612	熊本県阿蘇郡一の宮町宮地2476-1	0967-22-0114
宮地簡易裁判所	869-2612	熊本県阿蘇郡一の宮町宮地2476-1	0967-22-0063
熊本家庭裁判所高森出張所	869-1602	熊本県阿蘇郡高森町高森1385-6	0967-62-0069
高森簡易裁判所	869-1602	熊本県阿蘇郡高森町高森1385-6	0967-62-0069
熊本家庭裁判所御船出張所	861-3206	熊本県上益城郡御船町辺見1250-1	096-282-0055
御船簡易裁判所	861-3206	熊本県上益城郡御船町辺見1250-1	096-282-0055
熊本地方裁判所八代支部	866-8585	熊本県八代市西松江城町1-41	0965-32-2175
熊本家庭裁判所八代支部	866-0863	熊本県八代市西松江城町1-41	0965-32-2176
八代簡易裁判所	866-8585	熊本県八代市西松江城町1-41	0965-32-2175
熊本家庭裁判所水俣出張所	867-0041	熊本県水俣市天神町1-1-1	0966-62-2307
水俣簡易裁判所	867-0041	熊本県水俣市天神町1-1-1	0966-62-2307
熊本地方裁判所人吉支部	868-0056	熊本県人吉市寺町1	0966-23-4855
熊本家庭裁判所人吉支部	868-0056	熊本県人吉市寺町1	0966-23-4855
人吉簡易裁判所	868-0056	熊本県人吉市寺町1	0966-23-4855
熊本地方裁判所天草支部	863-8585	熊本県本渡市諏訪町16-24	0969-23-2004
熊本家庭裁判所天草支部	863-8585	熊本県本渡市諏訪町16-24	0969-23-2007
天草簡易裁判所	863-8585	熊本県本渡市諏訪町16-24	0969-23-2004
熊本家庭裁判所牛深出張所	863-1901	熊本県牛深市牛深町鬼塚2061-17	0969-72-2540
牛深簡易裁判所	863-1901	熊本県牛深市牛深町鬼塚2061-17	0969-72-2540
鹿児島地方裁判所	892-8501	鹿児島県鹿児島市山下町13-47	099-222-7121
鹿児島家庭裁判所	892-8501	鹿児島県鹿児島市山下町13-47	099-222-7121
鹿児島簡易裁判所	892-8501	鹿児島県鹿児島市山下町13-47	099-222-7121
鹿児島地方裁判所名瀬支部	894-0033	鹿児島県名瀬市矢之脇町1-1	0997-52-5141
鹿児島家庭裁判所名瀬支部	894-0033	鹿児島県名瀬市矢之脇町1-1	0997-52-5141
名瀬簡易裁判所	894-0033	鹿児島県名瀬市矢之脇町1-1	0997-52-5141
鹿児島地方裁判所加治木支部	899-5214	鹿児島県加治木町仮屋町95	0995-62-2666
鹿児島家庭裁判所加治木支部	899-5214	鹿児島県加治木町仮屋町95	0995-62-2666
加治木簡易裁判所	899-5214	鹿児島県加治木町仮屋町95	0995-62-2666
鹿児島地方裁判所知覧支部	897-0302	鹿児島県知覧町郡6196-1	0993-83-2229
鹿児島家庭裁判所知覧支部	897-0302	鹿児島県知覧町郡6196-1	0993-83-2229
知覧簡易裁判所	897-0302	鹿児島県知覧町郡6196-1	0993-83-2229
鹿児島地方裁判所川内支部	895-0064	鹿児島県川内市花木町2-20	0996-22-2154
鹿児島家庭裁判所川内支部	895-0064	鹿児島県川内市花木町2-20	0996-22-2154
川内簡易裁判所	895-0064	鹿児島県川内市花木町2-20	0996-22-2154
鹿児島地方裁判所鹿屋支部	893-0011	鹿児島県鹿屋市打馬1-2-14	0994-43-2330
鹿児島家庭裁判所鹿屋支部	893-0011	鹿児島県鹿屋市打馬1-2-14	0994-43-2330
鹿屋簡易裁判所	893-0011	鹿児島県鹿屋市打馬1-2-14	0994-43-2330

伊集院簡易裁判所	899-2501	鹿児島県伊集院町下谷口1543	099-272-2538
鹿児島家庭裁判所種子島出張所	891-3101	鹿児島県西之表市西之表7584	09972-2-0159
種子島簡易裁判所	891-3101	鹿児島県西之表市西之表7584	09972-2-0159
鹿児島家庭裁判所屋久島出張所	891-4205	鹿児島県上屋久町宮之浦2445-18	09974-2-0014
屋久島簡易裁判所	891-4205	鹿児島県上屋久町宮之浦2445-18	09974-2-0014
鹿児島家庭裁判所徳之島出張所	891-7101	鹿児島県徳之島町亀津554-2	0997-83-0019
徳之島簡易裁判所	891-7101	鹿児島県徳之島町亀津554-2	0997-83-0019
鹿児島家庭裁判所大口出張所	895-2511	鹿児島県大口市里2235	0995-22-0247
大口簡易裁判所	895-2511	鹿児島県大口市里2235	0995-22-0247
大隅簡易裁判所	899-8102	鹿児島県大隅町岩川6659-9	0994-82-0006
加世田簡易裁判所	897-0008	鹿児島県加世田市地頭所1-3	0993-52-2347
鹿児島家庭裁判所指宿出張所	891-0402	鹿児島県指宿市十町244	0993-22-2902
指宿簡易裁判所	891-0402	鹿児島県指宿市十町244	0993-22-2902
出水簡易裁判所	899-0201	鹿児島県出水市緑町25-6	0996-62-0178
甑島簡易裁判所	896-1201	鹿児島県上甑村中甑480-1	09969-2-0054
宮崎地方裁判所	880-8543	宮崎県宮崎市旭2-3-13	0985-23-2261
宮崎家庭裁判所	880-8543	宮崎県宮崎市旭2-3-13	0985-23-2261
宮崎簡易裁判所	880-8543	宮崎県宮崎市旭2-3-13	0985-23-2261
宮崎地方裁判所日南支部	889-2535	宮崎県日南市飫肥3-6-1	0987-25-1188
宮崎家庭裁判所日南支部	889-2535	宮崎県日南市飫肥3-6-1	0987-25-1188
日南簡易裁判所	889-2535	宮崎県日南市飫肥3-6-1	0987-25-1188
宮崎地方裁判所都城支部	885-0075	宮崎県都城市八幡町2-3	0986-23-4131
宮崎家庭裁判所都城支部	885-0075	宮崎県都城市八幡町2-3	0986-23-4131
都城簡易裁判所	885-0075	宮崎県都城市八幡町2-3	0986-23-4131
宮崎地方裁判所延岡支部	882-8585	宮崎県延岡市東本小路121	0982-32-3291
宮崎家庭裁判所延岡支部	882-8585	宮崎県延岡市東本小路121	0982-32-3291
延岡簡易裁判所	882-8585	宮崎県延岡市東本小路121	0982-32-3291
西都簡易裁判所	881-0003	宮崎県西都市大字右松2519-1	0983-43-0344
小林簡易裁判所	886-0007	宮崎県小林市大字真方112	0984-23-2309
宮崎家庭裁判所日向出張所	883-0036	宮崎県日向市南町8-2	0982-52-2211
日向簡易裁判所	883-0036	宮崎県日向市南町8-2	0982-52-2211
宮崎家庭裁判所高千穂出張所	882-1101	宮崎県高千穂町大字三田井118	0982-72-2017
高千穂簡易裁判所	882-1101	宮崎県高千穂町大字三田井118	0982-72-2017
那覇地方裁判所	900-8567	沖縄県那覇市樋川1-14-1	098-855-3366
那覇家庭裁判所	900-8603	沖縄県那覇市樋川1-14-10	098-855-1000
那覇簡易裁判所	900-8567	沖縄県那覇市樋川1-14-1	098-855-3366
那覇地方裁判所沖縄支部	904-2194	沖縄県沖縄市知花6-7-7	098-939-0011
那覇家庭裁判所沖縄支部	904-2194	沖縄県沖縄市知花6-7-7	098-939-0017
沖縄簡易裁判所	904-2194	沖縄県沖縄市知花6-7-7	098-939-0011
那覇地方裁判所名護支部	905-0011	沖縄県名護市字宮里451-3	0980-52-2642
那覇家庭裁判所名護支部	905-0011	沖縄県名護市字宮里451-3	0980-52-2742
名護簡易裁判所	905-0011	沖縄県名護市字宮里451-3	0980-52-2642
那覇地方裁判所平良支部	906-0012	沖縄県平良市字西里345	09807-2-2012
那覇家庭裁判所平良支部	906-0012	沖縄県平良市字西里345	09807-2-3428
平良簡易裁判所	906-0012	沖縄県平良市字西里345	09807-2-3502
那覇地方裁判所石垣支部	907-0004	沖縄県石垣市字登野城55	09808-2-3076
那覇家庭裁判所石垣支部	907-0004	沖縄県石垣市字登野城55	09808-2-3812
石垣簡易裁判所	907-0004	沖縄県石垣市字登野城55	09808-2-3076

仙台高等裁判所管内

裁判所	郵便番号	住所	電話番号
仙台地方裁判所	980-8639	宮城県仙台市青葉区片平1-6-1	022-222-6111
仙台家庭裁判所	980-8637	宮城県仙台市青葉区片平1-6-1	022-222-4165
仙台簡易裁判所	980-8636	宮城県仙台市青葉区片平1-6-1	022-222-6111
仙台地方裁判所大河原支部	989-1231	宮城県柴田郡大河原町字中川原9	0224-52-2101
仙台家庭裁判所大河原支部	989-1231	宮城県柴田郡大河原町字中川原9	0224-52-2101
大河原簡易裁判所	989-1231	宮城県柴田郡大河原町字中川原9	0224-52-2101
仙台地方裁判所古川支部	989-6161	宮城県古川市駅南2-9-46	0229-22-1601
仙台家庭裁判所古川支部	989-6161	宮城県古川市駅南2-9-46	0229-22-1601
古川簡易裁判所	989-6161	宮城県古川市駅南2-9-46	0229-22-1601
仙台地方裁判所石巻支部	986-0832	宮城県石巻市泉町4-4-28	0225-22-0361
仙台家庭裁判所石巻支部	986-0832	宮城県石巻市泉町4-4-28	0225-22-0363
石巻簡易裁判所	986-0832	宮城県石巻市泉町4-4-28	0225-22-0361
仙台地方裁判所登米支部	987-0702	宮城県登米郡登米町寺池桜小路105-3	0220-52-2011
仙台家庭裁判所登米支部	987-0702	宮城県登米郡登米町寺池桜小路105-3	0220-52-2011
登米簡易裁判所	987-0702	宮城県登米郡登米町寺池桜小路105-3	0220-52-2011
仙台地方裁判所気仙沼支部	988-0022	宮城県気仙沼市河原田1-2-30	0226-22-6659
仙台家庭裁判所気仙沼支部	988-0022	宮城県気仙沼市河原田1-2-30	0226-22-6626
気仙沼簡易裁判所	988-0022	宮城県気仙沼市河原田1-2-30	0226-22-6659
築館簡易裁判所	987-2252	宮城県栗原郡築館町薬師3-4-14	0228-22-3154
福島地方裁判所	960-8512	福島県福島市花園町5-45	024-534-2156
福島家庭裁判所	960-8112	福島県福島市花園町5-38	024-534-6186
福島簡易裁判所	960-8512	福島県福島市花園町5-45	024-534-2156
福島地方裁判所相馬支部	976-0042	福島県相馬市中村字大手先48-1	0244-36-5141
福島家庭裁判所相馬支部	976-0042	福島県相馬市中村字大手先48-1	0244-36-5141
相馬簡易裁判所	976-0042	福島県相馬市中村字大手先48-1	0244-36-5141
福島地方裁判所郡山支部	963-8566	福島県郡山市麓山1-2-26	024-932-5656
福島家庭裁判所郡山支部	963-8566	福島県郡山市麓山1-2-26	024-931-0363
郡山簡易裁判所	963-8566	福島県郡山市麓山1-2-26	024-932-5656
福島地方裁判所白河支部	961-0074	福島県白河市字郭内146	0248-22-5555
福島家庭裁判所白河支部	961-0074	福島県白河市字郭内146	0248-22-5555
白河簡易裁判所	961-0074	福島県白河市字郭内146	0248-22-5555
福島地方裁判所会津若松支部	965-8540	福島県会津若松市追手町6-6	0242-26-5725
福島家庭裁判所会津若松支部	965-8540	福島県会津若松市追手町6-6	0242-26-5725
会津若松簡易裁判所	965-8540	福島県会津若松市追手町6-6	0242-26-5725
福島地方裁判所いわき支部	970-8026	福島県いわき市平字八幡小路41	0246-22-1321
福島家庭裁判所いわき支部	970-8026	福島県いわき市平字八幡小路41	0246-22-1321
いわき簡易裁判所	970-8026	福島県いわき市平字八幡小路41	0246-22-1321
棚倉簡易裁判所	963-6131	福島県東白川郡棚倉町大字棚倉南町78-1	0247-33-3458
福島家庭裁判所棚倉出張所	963-6131	福島県東白川郡棚倉町大字棚倉南町78-1	0247-33-3458
田島簡易裁判所	967-0004	福島県南会津郡田島町大字田島字後原甲3483-3	0241-62-0211
福島家庭裁判所田島出張所	967-0004	福島県南会津郡田島町大字田島字後原甲3483-3	0241-62-0211
福島富岡簡易裁判所	979-1111	福島県双葉郡富岡町大字小浜字大膳町113	0240-22-3008
山形地方裁判所	990-8531	山形県山形市旅篭町2-4-22	023-623-9511
山形家庭裁判所	990-8531	山形県山形市旅篭町2-4-22	023-623-9511
山形簡易裁判所	990-8531	山形県山形市旅篭町2-4-22	023-623-9511
山形地方裁判所新庄支部	996-0022	山形県新庄市住吉町4-27	0233-22-0265

山形家庭裁判所新庄支部	996-0022	山形県新庄市住吉町4-27	0233-22-0265
新庄簡易裁判所	996-0022	山形県新庄市住吉町4-27	0233-22-0265
山形地方裁判所米沢支部	992-0045	山形県米沢市中央4-9-15	0238-22-2165
山形家庭裁判所米沢支部	992-0045	山形県米沢市中央4-9-15	0238-22-2165
米沢簡易裁判所	992-0045	山形県米沢市中央4-9-15	0238-22-2165
山形地方裁判所鶴岡支部	997-0035	山形県鶴岡市馬場町5-23	0235-23-6666
山形家庭裁判所鶴岡支部	997-0035	山形県鶴岡市馬場町5-23	0235-23-6666
鶴岡簡易裁判所	997-0035	山形県鶴岡市馬場町5-23	0235-23-6666
山形地方裁判所酒田支部	998-0037	山形県酒田市日吉町1-5-27	0234-23-1234
山形家庭裁判所酒田支部	998-0037	山形県酒田市日吉町1-5-27	0234-23-1234
酒田簡易裁判所	998-0037	山形県酒田市日吉町1-5-27	0234-23-1234
山形家庭裁判所赤湯出張所	999-2211	山形県南陽市赤湯316	0238-43-2217
赤湯簡易裁判所	999-2211	山形県南陽市赤湯316	0238-43-2217
山形家庭裁判所長井出張所	993-0015	山形県長井市四ッ谷1-7-20	0238-88-2073
長井簡易裁判所	993-0015	山形県長井市四ッ谷1-7-20	0238-88-2073
盛岡地方裁判所	020-8520	岩手県盛岡市内丸9-1	019-622-3165
盛岡家庭裁判所	020-8520	岩手県盛岡市内丸9-1	019-622-3165
盛岡簡易裁判所	020-8520	岩手県盛岡市内丸9-1	019-622-3165
盛岡地方裁判所花巻支部	025-0075	岩手県花巻市花城町8-26	0198-23-5276
盛岡家庭裁判所花巻支部	025-0075	岩手県花巻市花城町8-26	0198-23-5276
花巻簡易裁判所	025-0075	岩手県花巻市花城町8-26	0198-23-5276
盛岡地方裁判所二戸支部	028-6101	岩手県二戸市福岡字城ノ内4-2	0195-23-2591
盛岡家庭裁判所二戸支部	028-6101	岩手県二戸市福岡字城ノ内4-2	0195-23-2591
二戸簡易裁判所	028-6101	岩手県二戸市福岡字城ノ内4-2	0195-23-2591
盛岡地方裁判所遠野支部	028-0515	岩手県遠野市東舘町2-3	0198-62-2840
盛岡家庭裁判所遠野支部	028-0515	岩手県遠野市東舘町2-3	0198-62-2840
遠野簡易裁判所	028-0515	岩手県遠野市東舘町2-3	0198-62-2840
盛岡地方裁判所宮古支部	027-0052	岩手県宮古市宮町1-3-30	0193-62-2925
盛岡家庭裁判所宮古支部	027-0052	岩手県宮古市宮町1-3-30	0193-62-2925
宮古簡易裁判所	027-0052	岩手県宮古市宮町1-3-30	0193-62-2925
盛岡地方裁判所一関支部	021-0877	岩手県一関市城内3-6	0191-23-4148
盛岡家庭裁判所一関支部	021-0877	岩手県一関市城内3-6	0191-23-4148
一関簡易裁判所	021-0877	岩手県一関市城内3-6	0191-23-4148
盛岡地方裁判所水沢支部	023-0053	岩手県水沢市大手町4-19	0197-24-7181
盛岡家庭裁判所水沢支部	023-0053	岩手県水沢市大手町4-19	0197-24-7181
水沢簡易裁判所	023-0053	岩手県水沢市大手町4-19	0197-24-7181
盛岡家庭裁判所久慈出張所	028-0022	岩手県久慈市田屋町2-50-5	0194-53-4158
久慈簡易裁判所	028-0022	岩手県久慈市田屋町2-50-5	0194-53-4158
釜石簡易裁判所	026-0022	岩手県釜石市大只越町1-7-5	0193-22-1824
盛岡家庭裁判所大船渡出張所	022-0003	岩手県大船渡市盛町字字津野沢9-3	0192-26-3630
大船渡簡易裁判所	022-0003	岩手県大船渡市盛町字字津野沢9-3	0192-26-3630
秋田地方裁判所	010-8504	秋田県秋田市山王7-1-1	018-824-3121
秋田家庭裁判所	010-8504	秋田県秋田市山王7-1-1	018-824-3121
秋田簡易裁判所	010-8504	秋田県秋田市山王7-1-1	018-824-3121
男鹿簡易裁判所	010-0511	秋田県男鹿市船川港船川字化世沢21	0185-23-2923
秋田地方裁判所能代支部	016-0817	秋田県能代市上町1-15	0185-52-3278
秋田家庭裁判所能代支部	016-0817	秋田県能代市上町1-15	0185-52-3278
能代簡易裁判所	016-0817	秋田県能代市上町1-15	0185-52-3278
秋田地方裁判所本荘支部	015-0001	秋田県本荘市出戸町字瓦谷地21	0184-22-3916

秋田家庭裁判所本荘支部	015-0001	秋田県本荘市出戸町字瓦谷地21	0184-22-3916
本荘簡易裁判所	015-0001	秋田県本荘市出戸町字瓦谷地21	0184-22-3916
秋田地方家庭裁判所大館支部	017-0891	秋田県大館市中城15	0186-42-0071
秋田家庭裁判所大館支部	017-0891	秋田県大館市中城15	0186-42-0071
大館簡易裁判所	017-0891	秋田県大館市中城15	0186-42-0071
鹿角簡易裁判所	018-5201	秋田県鹿角市花輪字下中島1-1	0186-23-2262
秋田家庭裁判所鹿角出張所	018-5201	秋田県鹿角市花輪字下中島1-1	0186-23-2262
秋田地方裁判所横手支部	013-0013	秋田県横手市城南町2-1	0182-32-4130
秋田家庭裁判所横手支部	013-0013	秋田県横手市城南町2-1	0182-32-4130
横手簡易裁判所	013-0013	秋田県横手市城南町2-1	0182-32-4130
湯沢簡易裁判所	012-0844	秋田県湯沢市田町2-6-41	0183-73-2828
秋田地方裁判所大曲支部	014-0063	秋田県大仙市大曲日の出町1-20-4	0187-63-2033
秋田家庭裁判所大曲支部	014-0063	秋田県大仙市大曲日の出町1-20-4	0187-63-2033
大曲簡易裁判所	014-0063	秋田県大仙市大曲日の出町1-20-4	0187-63-2033
角館簡易裁判所	014-0314	秋田県仙北郡角館町岩瀬字小館77-4	0187-53-2305
秋田家庭裁判所角館出張所	014-0314	秋田県仙北郡角館町岩瀬字小館77-4	0187-53-2305
青森地方裁判所	030-8522	青森県青森市長島1-3-26	017-722-5351
青森家庭裁判所	030-8523	青森県青森市長島1-3-26	017-722-5351
青森簡易裁判所	030-8524	青森県青森市長島1-3-26	017-722-5351
青森地方裁判所弘前支部	036-8356	青森県弘前市大字下白銀町7	0172-32-4321
青森家庭裁判所弘前支部	036-8356	青森県弘前市大字下白銀町7	0172-32-4321
弘前簡易裁判所	036-8356	青森県弘前市大字下白銀町7	0172-32-4321
青森地方裁判所八戸支部	039-1166	青森県八戸市根城9丁目13番6号	0178-22-3104
青森家庭裁判所八戸支部	039-1166	青森県八戸市根城9丁目13番6号	0178-22-3104
八戸簡易裁判所	039-1166	青森県八戸市根城9丁目13番6号	0178-22-3104
青森地方裁判所五所川原支部	037-0044	青森県五所川原市字元町54	0173-34-2927
青森家庭裁判所五所川原支部	037-0044	青森県五所川原市字元町54	0173-34-2927
五所川原簡易裁判所	037-0044	青森県五所川原市字元町54	0173-34-2927
青森地方裁判所十和田支部	034-0082	青森県十和田市西二番町14-8	0176-23-2368
青森家庭裁判所十和田支部	034-0082	青森県十和田市西二番町14-8	0176-23-2368
十和田簡易裁判所	034-0082	青森県十和田市西二番町14-8	0176-23-2368
青森家庭裁判所むつ出張所	035-0073	青森県むつ市中央1-1-5	0175-22-2712
むつ簡易裁判所	035-0073	青森県むつ市中央1-1-5	0175-22-2712
青森家庭裁判所野辺地出張所	039-3131	青森県上北郡野辺地町字野辺地419	0175-64-3279
野辺地簡易裁判所	039-3131	青森県上北郡野辺地町字野辺地419	0175-64-3279
鰺ヶ沢簡易裁判所	038-2754	青森県西津軽郡鰺ヶ沢町大字米町38	0173-72-2012

札幌高等裁判所管内

札幌地方裁判所	060-0042	北海道札幌市中央区大通西11丁目	011-231-4200
札幌家庭裁判所	060-0042	北海道札幌市中央区大通西12丁目	011-221-7281
札幌簡易裁判所	060-0042	北海道札幌市中央区大通西12丁目	011-221-7281
札幌地方裁判所岩見沢支部	068-0004	北海道岩見沢市4条東4丁目	0126-22-6650
札幌家庭裁判所岩見沢支部	068-0004	北海道岩見沢市4条東4丁目	0126-22-6652
岩見沢簡易裁判所	068-0004	北海道岩見沢市4条東4丁目	0126-22-6650
札幌地方裁判所室蘭支部	050-0081	北海道室蘭市日の出町1-18-29	0143-44-6733
札幌家庭裁判所室蘭支部	050-0081	北海道室蘭市日の出町1-18-29	0143-44-6733
室蘭簡易裁判所	050-0081	北海道室蘭市日の出町1-18-29	0143-44-6733
札幌地方裁判所小樽支部	047-0024	北海道小樽市花園5-1-1	0134-22-9157
札幌家庭裁判所小樽支部	047-0024	北海道小樽市花園5-1-1	0134-22-9157

小樽簡易裁判所	047-0024	北海道小樽市花園5-1-1	0134-22-9157
札幌地方裁判所滝川支部	073-0022	北海道滝川市大町1-6-13	0125-23-2311
札幌家庭裁判所滝川支部	073-0022	北海道滝川市大町1-6-13	0125-23-2936
滝川簡易裁判所	073-0022	北海道滝川市大町1-6-13	0125-23-2311
札幌地方裁判所浦河支部	057-0012	北海道浦河郡浦河町常盤町19番地	01462-2-4165
札幌家庭裁判所浦河支部	057-0012	北海道浦河郡浦河町常盤町19番地	01462-2-4166
浦河簡易裁判所	057-0012	北海道浦河郡浦河町常盤町19番地	01462-2-4165
札幌地方裁判所岩内支部	045-0013	北海道岩内郡岩内町字高台192-1	0135-62-0138
札幌家庭裁判所岩内支部	045-0013	北海道岩内郡岩内町字高台192-1	0135-62-0138
岩内簡易裁判所	045-0013	北海道岩内郡岩内町字高台192-1	0135-62-0138
札幌地方裁判所苫小牧支部	053-0018	北海道苫小牧市旭町2-7-12	0144-32-3295
札幌家庭裁判所苫小牧支部	053-0018	北海道苫小牧市旭町2-7-12	0144-32-3295
苫小牧簡易裁判所	053-0018	北海道苫小牧市旭町2-7-12	0144-32-3295
札幌家庭裁判所夕張出張所	068-0411	北海道夕張市末広1-92-16	01235-2-2004
夕張簡易裁判所	068-0411	北海道夕張市末広1-92-16	01235-2-2004
伊達簡易裁判所	052-0021	北海道伊達市末永町47-10	0142-23-3236
札幌家庭裁判所静内出張所	056-0005	北海道静内郡静内町こうせい町2-1-10	01464-2-0120
静内簡易裁判所	056-0005	北海道静内郡静内町こうせい町2-1-10	01464-2-0120
函館地方裁判所	040-8601	北海道函館市上新川町1-8	0138-42-2151
函館家庭裁判所	040-8602	北海道函館市上新川町1-8	0138-42-2151
函館簡易裁判所	040-8603	北海道函館市上新川町1-8	0138-42-2151
函館地方裁判所江差支部	043-0043	北海道江差町本町237	01395-2-0174
函館家庭裁判所江差支部	043-0043	北海道江差町本町237	01395-2-0174
江差簡易裁判所	043-0043	北海道江差町本町237	01394-2-2122
函館家庭裁判所松前出張所	049-1501	北海道松前町建石48	01394-2-2122
松前簡易裁判所	049-1501	北海道松前町建石48	01394-2-2122
函館家庭裁判所八雲出張所	049-3112	北海道八雲町末広町184	01376-2-2494
八雲簡易裁判所	049-3112	北海道八雲町末広町184	01376-2-2494
函館家庭裁判所寿都出張所	048-0401	北海道寿都町新栄町209	0136-62-2072
寿都簡易裁判所	048-0401	北海道寿都町新栄町209	0136-62-2072
旭川地方裁判所	070-8640	北海道旭川市花咲町4丁目	0166-51-6251
旭川家庭裁判所	070-8641	北海道旭川市花咲町4丁目	0166-51-6251
旭川簡易裁判所	070-8642	北海道旭川市花咲町4丁目	0166-51-6251
旭川地方裁判所名寄支部	096-0014	北海道名寄市西4条南9	01654-3-3331
旭川家庭裁判所名寄支部	096-0014	北海道名寄市西4条南9	01654-3-3331
名寄簡易裁判所	096-0014	北海道名寄市西4条南9	01654-3-3331
旭川地方裁判所紋別支部	094-0006	北海道紋別市潮見町1-5-48	01582-3-2856
旭川家庭裁判所紋別支部	094-0006	北海道紋別市潮見町1-5-48	01582-3-2856
紋別簡易裁判所	094-0006	北海道紋別市潮見町1-5-48	01582-3-2856
旭川地方裁判所留萌支部	077-0037	北海道留萌市沖見町2	0164-42-0465
旭川家庭裁判所留萌支部	077-0037	北海道留萌市沖見町2	0164-42-0465
留萌簡易裁判所	077-0037	北海道留萌市沖見町2	0164-42-0465
旭川地方裁判所稚内支部	097-0002	北海道稚内市潮見1-3-10	0162-33-5289
旭川家庭裁判所稚内支部	097-0002	北海道稚内市潮見1-3-10	0162-33-5289
稚内簡易裁判所	097-0002	北海道稚内市潮見1-3-10	0162-33-5289
旭川家庭裁判所深川出張所	074-0002	北海道深川市2条1番4号	0164-23-2813
深川簡易裁判所	074-0002	北海道深川市2条1番4号	0164-23-2813
旭川家庭裁判所富良野出張所	076-0018	北海道富良野市弥生町2-55	0167-22-2209
富良野簡易裁判所	076-0018	北海道富良野市弥生町2-55	0167-22-2209

旭川家庭裁判所中頓別出張所	098-5451	北海道枝幸郡中頓別町字中頓別166-5	01634-6-1626
中頓別簡易裁判所	098-5451	北海道枝幸郡中頓別町字中頓別166-5	01634-6-1626
旭川家庭裁判所天塩出張所	098-3303	北海道天塩郡天塩町新栄通7	01632-2-1146
天塩簡易裁判所	098-3303	北海道天塩郡天塩町新栄通7	01632-2-1146
釧路地方裁判所	085-0824	北海道釧路市柏木町4-7	0154-41-4171
釧路家庭裁判所	085-0824	北海道釧路市柏木町4-7	0154-41-4171
釧路簡易裁判所	085-0824	北海道釧路市柏木町4-7	0154-41-4171
釧路地方裁判所帯広支部	080-0808	北海道帯広市東8条南9丁目	0155-23-5141
釧路家庭裁判所帯広支部	080-0808	北海道帯広市東8条南9丁目	0155-23-5141
帯広簡易裁判所	080-0808	北海道帯広市東8条南9丁目	0155-23-5141
釧路地方裁判所網走支部	093-0031	北海道網走市台町2丁目2-1	0152-43-4115
釧路家庭裁判所網走支部	093-0031	北海道網走市台町2丁目2-1	0152-43-4115
網走簡易裁判所	093-0031	北海道網走市台町2丁目2-1	0152-43-4115
釧路地方裁判所北見支部	090-0065	北海道北見市寿町4丁目7-36	0157-24-8431
釧路家庭裁判所北見支部	090-0065	北海道北見市寿町4丁目7-36	0157-24-8431
北見簡易裁判所	090-0065	北海道北見市寿町4丁目7-36	0157-24-8431
釧路地方裁判所根室支部	087-0026	北海道根室市敷島町2丁目3	01532-4-1617
釧路家庭裁判所根室支部	087-0026	北海道根室市敷島町2丁目3	01532-4-1617
根室簡易裁判所	087-0026	北海道根室市敷島町2丁目3	01532-4-1617
本別簡易裁判所	089-3313	北海道中川郡本別町柳町4	01562-2-2064
釧路家庭裁判所本別出張所	089-3313	北海道中川郡本別町柳町4	01562-2-2064
遠軽簡易裁判所	099-0403	北海道紋別郡遠軽町1条通北2丁目3-25	01584-2-2259
釧路家庭裁判所遠軽出張所	099-0403	北海道紋別郡遠軽町1条通北2丁目3-25	01584-2-2259
標津簡易裁判所	086-1632	北海道標津郡標津町北2条西1丁目1-17	01538-2-2046
釧路家庭裁判所標津出張所	086-1632	北海道標津郡標津町北2条西1丁目1-17	01538-2-2046

高松高等裁判所管内

高松地方裁判所	760-8586	香川県高松市丸の内1-36	087-851-1531
高松家庭裁判所	760-8585	香川県高松市丸の内2-27	087-851-1531
高松簡易裁判所	760-8586	香川県高松市丸の内2-27	087-851-1531
高松地方裁判所丸亀支部	763-0034	香川県丸亀市大手町3-4-1	0877-23-5111
高松家庭裁判所丸亀支部	763-0034	香川県丸亀市大手町3-4-1	0877-23-5184
丸亀簡易裁判所	763-0034	香川県丸亀市大手町3-4-1	0877-23-5113
高松地方裁判所観音寺支部	768-0060	香川県観音寺市観音寺町甲2804-1	0875-25-3467
高松家庭裁判所観音寺支部	768-0060	香川県観音寺市観音寺町甲2804-1	0875-25-3467
観音寺簡易裁判所	768-0060	香川県観音寺市観音寺町甲2804-1	0875-25-3467
高松家庭裁判所土庄出張所	761-4121	香川県小豆郡土庄町淵崎甲1430-1	0879-62-0224
土庄簡易裁判所	761-4121	香川県小豆郡土庄町淵崎甲1430-1	0879-62-0224
善通寺簡易裁判所	765-0013	香川県善通寺市文京町3-1-1	0877-62-0315
徳島地方裁判所	770-8528	徳島県徳島市徳島町1-5	088-652-3141
徳島家庭裁判所	770-8528	徳島県徳島市徳島町1-5	088-652-3141
徳島簡易裁判所	770-8528	徳島県徳島市徳島町1-5	088-652-3141
徳島地方裁判所阿南支部	774-0030	徳島県阿南市富岡町西池田口1-1	0884-22-0148
徳島家庭裁判所阿南支部	774-0030	徳島県阿南市富岡町西池田口1-1	0884-22-0148
阿南簡易裁判所	774-0030	徳島県阿南市富岡町西池田口1-1	0884-22-0148
徳島地方裁判所脇町支部	779-3610	徳島県美馬郡脇町大字脇町1229-3	0883-52-1035
徳島家庭裁判所脇町支部	779-3610	徳島県美馬郡脇町大字脇町1229-3	0883-52-1035
脇町簡易裁判所	779-3610	徳島県美馬郡脇町大字脇町1229-3	0883-52-1035
鳴門簡易裁判所	772-0017	徳島県鳴門市撫養町立岩字七枚115	088-686-2710

川島簡易裁判所	779-3301	徳島県麻植郡川島町大字川島588	0883-25-2914
徳島家庭裁判所池田出張所	778-0002	徳島県三好郡池田町字マチ2494-7	0883-72-0234
徳島池田簡易裁判所	778-0002	徳島県三好郡池田町字マチ2494-7	0883-72-0234
徳島家庭裁判所牟岐出張所	775-0006	徳島県海部郡牟岐町大字中村字本村54-2	0884-72-0074
牟岐簡易裁判所	775-0006	徳島県海部郡牟岐町大字中村字本村54-2	0884-72-0074
高知地方裁判所	780-8558	高知県高知市丸ノ内1-3-5	088-822-0340
高知家庭裁判所	780-8558	高知県高知市丸ノ内1-3-5	088-822-0340
高知簡易裁判所	780-8558	高知県高知市丸ノ内1-3-5	088-822-0340
高知地方裁判所須崎支部	785-0010	高知県須崎市鍛冶町2-11	0889-42-0046
高知家庭裁判所須崎支部	785-0010	高知県須崎市鍛冶町2-11	0889-42-0046
須崎簡易裁判所	785-0010	高知県須崎市鍛冶町2-11	0889-42-0046
高知地方裁判所安芸支部	784-0003	高知県安芸市久世町9-25	0887-35-2065
高知家庭裁判所安芸支部	784-0003	高知県安芸市久世町9-25	0887-35-2065
安芸簡易裁判所	784-0003	高知県安芸市久世町9-25	0887-35-2065
高知地方裁判所中村支部	787-0028	高知県中村市山手通54-1	0880-35-3007
高知家庭裁判所中村支部	787-0028	高知県中村市山手通54-1	0880-35-4741
中村簡易裁判所	787-0028	高知県中村市山手通54-1	0880-35-3007
松山地方裁判所	790-8539	愛媛県松山市一番町3-3-8	089-941-4151
松山家庭裁判所	790-0006	愛媛県松山市南堀端町2-1	089-945-5000
松山簡易裁判所	790-8539	愛媛県松山市一番町3-3-8	089-941-4151
松山地方裁判所大洲支部	795-0012	愛媛県大洲市大洲845	0893-24-2038
松山家庭裁判所大洲支部	795-0012	愛媛県大洲市大洲845	0893-24-2038
大洲簡易裁判所	795-0012	愛媛県大洲市大洲845	0893-24-2038
松山地方裁判所西条支部	793-0023	愛媛県西条市明屋敷165	0897-56-0685
松山家庭裁判所西条支部	793-0023	愛媛県西条市明屋敷165	0897-55-2429
西条簡易裁判所	793-0023	愛媛県西条市明屋敷165	0897-56-0685
松山地方裁判所今治支部	794-8508	愛媛県今治市常盤町4-5-3	0898-23-0010
松山家庭裁判所今治支部	794-8508	愛媛県今治市常盤町4-5-3	0898-23-0010
今治簡易裁判所	794-8508	愛媛県今治市常盤町4-5-3	0898-23-0010
松山地方裁判所宇和島支部	798-0062	愛媛県宇和島市桜町2-6	0895-22-0091
松山家庭裁判所宇和島支部	798-0062	愛媛県宇和島市桜町2-6	0895-22-0854
宇和島簡易裁判所	798-0062	愛媛県宇和島市桜町2-6	0895-22-0091
八幡浜簡易裁判所	796-0088	愛媛県八幡浜市1550-6	0894-22-0176
新居浜簡易裁判所	792-0023	愛媛県新居浜市繁本町2-1	0897-32-2743
伊予三島簡易裁判所	799-0405	愛媛県四国中央市三島中央5-4-28	0896-23-2335
松山家庭裁判所城辺出張所	798-4131	愛媛県南宇和郡城辺町甲3827	0895-72-0044
城辺簡易裁判所	798-4131	愛媛県南宇和郡城辺町甲3827	0895-72-0044

全国の検察庁一覧

庁名	郵便番号	住所	電話番号
最高検察庁	100-0013	千代田区霞が関1丁目1番1号	03-3592-5611
東京高等検察庁	100-8904	千代田区霞が関1丁目1番1号	03-3592-5611
大阪高等検察庁	553-8511	大阪市福島区福島1丁目1番60号	06-4796-2100
名古屋高等検察庁	460-0001	名古屋市中区三の丸4丁目3番1号	052-951-1581
広島高等検察庁	730-0012	広島市中区上八丁堀2番15号	082-221-2451
福岡高等検察庁	810-0073	福岡市中央区舞鶴2丁目5番30号	092-734-9000
仙台高等検察庁	980-0812	仙台市青葉区片平1丁目3番1号	022-222-6153
札幌高等検察庁	060-0042	札幌市中央区大通西12丁目	011-261-9311
高松高等検察庁	760-0033	高松市丸の内1番1号	087-821-5631
東京地方検察庁	100-8903	千代田区霞が関1丁目1番1号	03-3592-5611
横浜地方検察庁	231-0021	横浜市中区日本大通9番地	045-211-7600
さいたま地方検察庁	330-8572	さいたま市浦和区高砂3丁目16番58号	048-863-2221
千葉地方検察庁	260-8620	千葉市中央区中央4丁目11番1号	043-221-2071
水戸地方検察庁	310-8540	水戸市北見町1番1号	029-221-2196
宇都宮地方検察庁	320-0036	宇都宮市小幡2丁目1番11号	028-621-2525
前橋地方検察庁	371-8550	前橋市大手町3丁目2番1号	027-235-7800
静岡地方検察庁	420-8611	静岡市追手町9番45号	054-252-5135
甲府地方検察庁	400-8556	甲府市中央1丁目11番8号	055-235-7231
長野地方検察庁	380-0846	長野市大字長野旭町1108番地	026-232-8191
新潟地方検察庁	951-8502	新潟市西大畑町5191番地	025-222-1521
大阪地方検察庁	553-8512	大阪市福島区福島1丁目1番60号	06-4796-2200
京都地方検察庁	602-8510	京都市上京区新町通下長者町下る両御霊町82番地	075-441-9131
神戸地方検察庁	650-0016	神戸市中央区橘通1丁目4番1号	078-367-6100
奈良地方検察庁	630-8213	奈良市登大路町1番地の1	0742-27-6821
大津地方検察庁	520-0044	大津市京町三丁目1番1号	077-527-5120
和歌山地方検察庁	640-8143	和歌山市二番丁3番地	073-422-4161
名古屋地方検察庁	460-8523	名古屋市中区三の丸4丁目3番1号	052-951-1481
津地方検察庁	514-8512	津市中央3番12号	059-228-4121
岐阜地方検察庁	500-8812	岐阜市美江寺町2丁目8番地	058-262-5111
福井地方検察庁	910-8583	福井市春山1丁目1番54号	0776-28-8721
金沢地方検察庁	920-0912	金沢市大手町6番15号	076-221-3161
富山地方検察庁	939-8510	富山市西田地方町2丁目9番16号	076-421-4106
広島地方検察庁	730-8539	広島市中区上八丁堀2番15号	082-221-2453
山口地方検察庁	753-0048	山口市駅通り1丁目1番2号	083-922-1440
岡山地方検察庁	700-0807	岡山市南方1丁目3番58号	086-224-5651
鳥取地方検察庁	680-0022	鳥取市西町3丁目201番地	0857-22-4171
松江地方検察庁	690-0886	松江市母衣町50番地	0852-32-6700
福岡地方検察庁	810-8651	福岡市中央区舞鶴2丁目5番30号	092-734-9090
佐賀地方検察庁	840-0833	佐賀市中の小路5番25号	0952-22-4185
長崎地方検察庁	850-8560	長崎市万才町9番33号	095-822-4267
大分地方検察庁	870-0046	大分市荷揚町7番5号	097-534-4100
熊本地方検察庁	860-0078	熊本市京町1丁目12番11号	096-323-9030
鹿児島地方検察庁	892-0816	鹿児島市山下町13番10号	099-226-0611
宮崎地方検察庁	880-8566	宮崎市瀬頭2丁目7番11号	0985-29-2131

那覇地方検察庁	900-8578	那覇市樋川１丁目15番15号	098-835-9200
仙台地方検察庁	980-0812	仙台市青葉区片平１丁目3番1号	022-222-6151
福島地方検察庁	960-8017	福島市狐塚17番地	024-534-5131
山形地方検察庁	990-0046	山形市大手町１番32号	023-622-5196
盛岡地方検察庁	020-0023	盛岡市内丸8番20号	019-622-6195
秋田地方検察庁	010-0951	秋田市山王7丁目1番2号	018-862-5581
青森地方検察庁	030-8545	青森市長島1丁目3番25号	017-722-5211
札幌地方検察庁	060-0042	札幌市中央区大通西12丁目	011-261-9313
函館地方検察庁	040-0031	函館市上新川町1番13号	0138-41-1231
旭川地方検察庁	070-8636	旭川市花咲町4丁目	0166-51-6231
釧路地方検察庁	085-8557	釧路市柏木町5番7号	0154-41-6151
高松地方検察庁	760-0033	高松市丸の内1番1号	087-822-5155
徳島地方検察庁	770-0852	徳島市徳島町2丁目17番地	088-652-5191
高知地方検察庁	780-8554	高知市丸ノ内1丁目4番1号	088-872-9191
松山地方検察庁	790-8575	松山市一番町4丁目4番地１	089-935-6111

[著者略歴]

矢野　輝雄（やの　てるお）
1960年、ＮＨＫ（日本放送協会）入局。番組編成、番組制作、著作権、工業所有権のライセンス契約などを担当。元ＮＨＫマネージング・ディレクター。元ＮＨＫ文化センター講師。現在、矢野行政書士社会保険労務士事務所長、「市民オンブズ香川」事務局長。
主な著書　『はじめての民事訴訟』（同友館）、『わかりやすい特許ライセンス契約の実務』『そこが知りたい！知的財産権』（以上、オーム社）、『市民オンブズ活動ハンドブック』（東方出版）、『定年前後の手続事典』（池田書店）、『あなたのための法律相談＜相続・遺言＞』『あなたのための法律相談＜離婚＞』（以上、新水社）、『市民オンブズ活動と議員のための行政法』（公人の友社）、『行政監視・本人訴訟マニュアル』『「逮捕・起訴」対策ガイド』（緑風出版）ほか
連絡先　矢野事務所　電話087-834-3808　FAX087-835-1405

絶対に訴えてやる！
〜訴えるための知識とノウハウ〜

2004年7月10日　初版第1刷発行　　　　　　　　　定価1,900円＋税

著　者　矢野輝雄Ⓒ
発行者　高須次郎
発行所　緑風出版
　〒113-0033　東京都文京区本郷2-17-5　ツイン壱岐坂
　〔電話〕03-3812-9420〔FAX〕03-3812-7262
　〔E-mail〕info@ryokufu.com
　〔URL〕http://www.ryokufu.com
　〔郵便振替〕00100-9-30776

装　幀　堀内朝彦
写　植　R企画　　　　　印　刷　モリモト印刷・巣鴨美術印刷
製　本　トキワ製本所　　用　紙　大宝紙業　　　　　　　　E2,000

〈検印・廃止〉落丁・乱丁はお取り替えいたします。
本書の無断複写（コピー）は著作権法上の例外を除き禁じられています。なお、複写など著作物の利用などのお問い合わせは日本出版著作権協会（03-3812--9424）までお願いいたします。
ISBN4-8461-0410-9　C0032　　　　　　　　Ⓒeruo Yano, 2004 Printed in Japan

DNA鑑定
科学の名による冤罪

天笠啓祐／三浦英明著

四六判上製　二〇一頁

遺伝子配列の個別性を人物特定に応用した、「DNA鑑定」が脚光を浴びている。しかし捜査当局の旧態依然たる人権感覚と結びつくとき、様々な冤罪が生み出されている。本書は具体的事例を検証し、問題を明らかにする。

プロブレムQ&A
性同一性障害って何?
[一人一人のありようを大切にするために]

野宮亜紀・針間克己・大島俊之・原科孝雄・虎井まさ衛・内島　豊著

A5判変並製　二六四頁　1800円

戸籍上の性を変更することが認められる特例法が今国会で可決された。性同一性障害は、海外では広く認知されるようになったが、日本はまだまだ偏見が強く難しい。性同一性障害とは何かを理解し、それぞれの生き方を大切にするための書。

プロブレムQ&A
個人情報を守るために
[瀕死のプライバシーを救い、監視社会を終わらせよう]

佐藤文明著

A5判変並製　1900円

I・T時代といわれ、簡単に情報を入手できる現在、プライバシーを護るにはどうしたらよいか? 本書は人権に関する現状や法律を踏まえ、自分を護るための方法や、個人情報保護法案の問題点などをわかりやすく解説する。

プロブレムQ&A
戸籍って何だ
[差別をつくりだすもの]

佐藤文明著

A5判変並製　二五六頁　1900円

個人情報との関連や差別問題、外国人登録問題等、幅広く戸籍の問題をとらえ返し、その生い立ちから問題点までやさしく解説。戸籍研究家として著名な著者が今進められようとしている国民総背番号制等もみすえて解説。

プロブレムQ&A
どう超えるのか? 部落差別
[人権と部落観の再発見]

小松克己・塩見鮮一郎共著

A5判変並製　二四〇頁　1800円

部落差別はなぜ起こるのか? 本書は被差別民の登場と部落の成立を歴史に追い、近代日本の形成にその原因を探る。また現代社会での差別を考察しつつ、人間にとって差別とは何であるのかに迫り、どう超えるかを考える。

プロブレムQ&A
同性愛って何?
[わかりあうことから共に生きるために]

伊藤　悟・大江千束・小川葉子・石川大我・簗瀬竜太・大月純子・新井敏之著

A5判変並製　二〇〇頁　1700円

同性愛ってなんだろう? 家族・友人としてどうすればいい? 社会的偏見と差別はどうなっているの? 同性愛者が結婚しようとすると立ちはだかる法的差別? 聞きたいけど聞けなかった素朴な疑問から共生のためのQ&A。

◎緑風出版の本

▓ 全国のどの書店でもご購入いただけます。
▓ 店頭にない場合は、なるべく書店を通じてご注文ください。
▓ 表示価格には消費税が転嫁されます。

「逮捕・起訴」対策ガイド
市民のための刑事手続法入門
矢野輝雄著

A5判並製
二〇八頁
2000円

万一、あなたや家族が犯人扱いされたり、犯人となってしまった場合、どうすればよいのか？ 本書はそういう人たちのために、逮捕から起訴、そして裁判から万一の服役まで刑事手続法の一切を、あなたの立場に立って易しく解説。

行政監視本人訴訟マニュアル
矢野輝雄著

四六判並製
二六四頁
1800円

カラ出張、カラ接待といったあの手この手の公金不正支出から贈収賄と、役人の不正は止まるところを知らない。こうした輩をやっつけるために、市民がひとりでもできる行政監視の方法やカネのかからない訴訟の方法を解説。

冤罪と国家賠償
沖縄ゼネスト松永国賠裁判
松永国賠を闘う会著／井出孫六解説

A5判変並製
一八〇頁
2400円

沖縄復帰闘争のなかで警官殺害の犯人にデッチ上げられた青年が無実を勝ち取り、人権補償を求めた二三年の歩み。一青年の人生をズタズタに切り裂きながら、なお国家賠償を拒む国、それを支持する最高裁を指弾する！

逮捕・拘禁セキュリティ
[被疑者・被告人・受刑者たちの人権]
プロブレムQ&A
佐藤友之著

四六判上製
三四九頁
1500円

不幸にして「犯人」とされた時、まず私たちに何ができ、何をしなければいけないのか？ 職務質問・家宅捜索の対応法、取り調べでの心構えや弁護士選任から、法廷や留置場・拘置所の知識まで、人権擁護のノウハウを満載！

監獄法改悪
監獄法研究会編著

2400円

監獄法を改悪しようとする国家の目論見はなにか。十数年にわたる救援運動の実績をもとに弁護士、医師、活動家が協力し新監獄法＝刑事施設法案を全角度から全面的に批判。同法案、同法修正案、留置施設法案も全文収録！

プロブレムQ&A 在日韓国・朝鮮人読本
[リラックスした関係を求めて]
梁 泰昊著　A5判変並製 一九二頁 1800円

世代交代が進み「在日を生きる」意識をもち行動する在日韓国・朝鮮人が増えている。強制連行や創氏改名などの歴史問題から外国人登録や参政権などの生活全般にわたる疑問に答え、差別や偏見を越えた共生の関係を考える。

プロブレムQ&A 在日「外国人」読本【増補版】
[ボーダーレス社会の基礎知識]
佐藤文明著　A5判変並製 一八三頁 1800円

そもそも「日本人」って、どんな人を指すのだろう？ 難民・出稼ぎ外国人・外国人登録・帰化・国際結婚から少数民族・北方諸島問題など、ボーダーレス化する日本社会の中のトラブルを総点検。在日「外国人」の人権を考える。

プロブレムQ&A 「日の丸」「君が代」「元号」考
[起源と押しつけの歴史を問う]
佐藤文明著　A5判変並製 二〇四頁 1800円

「日の丸」「君が代」を「国旗」「国歌」と定めた「国旗・国歌法」によって教育の場で強制が強まっている。本書は「日の丸」「君が代」「元号」の起源とこれらが引き起こした論争を紹介、その変革の可能性を問う「目から鱗」のQ&A！

プロブレムQ&A アイヌ差別問題読本
[シサムになるために]
小笠原信之著　A5判変並製 二六八頁 1900円

二風谷ダム判決や、九七年に成立した「アイヌ文化振興法」など話題になっているアイヌ。しかし私たちは、アイヌの歴史をどれだけ知っているのだろうか？ 本書はその歴史と差別問題、そして先住民権とは何か、をやさしく解説。

プロブレムQ&A 危ない携帯電話
[それでもあなたは使うの？]
荻野晃也著　A5判変並製 二三三頁 1900円

携帯電話が普及している。しかし、携帯電話は電子レンジに頭を突っ込んでいるより強いもので、脳腫瘍の危険が極めて高い。本書は、政府や電話会社が否定し続けている携帯電話と電波塔の危険をやさしく解説する。

プロブレムQ&A バリアフリー入門
[誰もが暮らしやすい街をつくる]
もりすぐる著　A5判変並製 一六八頁 1600円

街づくりや、交通機関、住まいづくりでよく耳にする「バリアフリー」。誰でも年を取れば日常生活に「バリア」を感じることが多くなる。何がバリアなのか、バリアをなくす＝バリアフリーにはどうすればいいのかを易しく解説。